**코리안드림과
통일대한민국**

코리안드림과
통일대한민국

초판 1쇄 펴낸날 | 2025년 11월 15일

지은이 | 이상진
펴낸이 | 김기호
펴낸곳 | 한가람서원

주소 | 서울시 중구 마른내로 72, 504호
전화 | 02-336-5695
팩스 | 02-336-5629
이메일 | bookmake@naver.com

등록번호 | 제2-1863호
ISBN | 978-89-90356-71-0 (03330)

- 잘못 만들어진 책은 바꾸어 드립니다.
- 이 책의 저작권은 한가람서원에 있습니다.
- 한가람서원의 서면 승인없이 무단 전제 및 복제를 금합니다.

코리안드림과
통일대한민국

두 국가론을 넘어 민족의 꿈으로

이상진 지음

한가람서원

책을 내며

코리안드림,
민족의 미래와 인류의 희망을 향하여

 광복 80년, 분단 80년을 맞이한 이 역사적 전환점에서 저는 오랜 숙고 끝에 이 책을 세상에 내놓습니다. 우리 민족은 지난 세기 동안 식민의 고통과 전쟁의 폐허, 그리고 분단의 상처를 견뎌내며 기적 같은 산업화와 민주화를 이루어냈습니다. 그러나 아직 완수하지 못한 마지막 과제가 남아있습니다. 바로 통일입니다.

 이 책은 단순한 통일론을 넘어서는 민족의 철학적 선언입니다. 코리안드림은 5천 년 전 고조선의 건국이념인 홍익인간 정신에 뿌리를 두고 있으며, 이를 바탕으로 도덕적 자유민주주의와 도덕적 자유시장경제, 그리고 '심정문화공동체'라는 구체적 비전을 제시합니다.

 통일은 선택이 아니라 우리 세대가 반드시 완수해야 할 역사적 사명입니다. 그리고 그 사명을 이루는 유일한 길이 바로 코리안드림입니다. 이 책이 국민 모두에게 통일의 확신과 희망을 심어주고, 나아가 인류 공동체가 함께 걸어갈 미래의 이정표가 되기를 소망합니다.

 한민족의 꿈은 곧 인류 보편의 꿈입니다. 이 책이 우리 후손들에게 물려줄 가장 소중한 유산이 되기를 간절히 바랍니다.

2025년 9월
한반도통일지도자총연합 중앙회장 이 상 진

프롤로그

왜 지금 코리안드림인가

2025년은 광복 80주년이 되는 해다. 그러나 우리가 맞이한 광복은 완전한 광복이 아니다. 나라의 주권은 되찾았지만, 한반도는 여전히 분단되어 있고, 민족의 가슴은 둘로 갈라져 있다. 진정한 광복은 통일 없이는 이루어질 수 없다.

오늘날 우리는 중대한 기로에 서 있다. 세계질서는 급격히 재편되고, 미국·일본·한국이 자유민주 진영을 형성하는 가운데, 북한·중국·러시아는 전체주의 진영으로 맞서고 있다. 이런 국제 환경 속에서 대한민국은 어떤 비전을 내세워야 하는가. 단순한 생존을 넘어, 민족의 역사적 사명을 수행하는 것이 우리에게 주어진 과제다. 바로 그 해답이 코리안드림(Korean Dream)이다.

코리안드림은 단순한 정치 구호가 아니다. 그것은 5천 년 전 고조선의 건국이념인 홍익인간(弘益人間, Benefit Broadly All Humankind)에 뿌리를 둔 민족의 영원한 꿈이다. 세상을 널리 이롭게 하라는 이 정신은 한민족의 정체성을 형성하는 핵심 가치일 뿐만 아니라, 인류 전체가 공유해야 할 보편적 가치다.

역사를 돌아보면, 각 문명은 고유한 비전을 통해 세계사를 전진시켜 왔다. 몽골은 칭기즈칸의 기치 아래 One Sky, One Empire를 꿈꾸었고, 미국은 American Dream을 내세워 자유와 번영의 나라를 건설했으며, 그리고 United Nations를 세워 국제 질서를 주도했다.

이제 동방의 한민족은 무엇을 내세워야 하는가. 바로 코리안드림이다. 이것은 단순히 민족적 꿈만이 아니라, One Family under God(하나님 아래 인류 한 가족)이라는 인류의 보편적 비전으로 확장되는 꿈이다.

덴마크 철학자 키에르케고르(Søren Kierkegaard)는 아시아의 미래에 대해 예언적 통찰을 제시한 바 있다. 그의 말처럼 아시아의 등불이 켜지는 날, 동방의 민족은 인류 문명에 새로운 빛을 비출 것이다. 그 예언은 오늘의 대한민국을 향하고 있으며, 광복 80주년을 맞은 지금, 그 등불은 바로 코리안드림이어야 한다.

우리는 이승만 대통령의 자유민주주의공화국 건국, 박정희 대통령의 산업화, 그리고 지난 수십 년간의 민주주의 성취를 거쳐 이제 마지막 과제 앞에 서 있다. 그것은 바로 민족의 통일이다. 그리고 이 통일을 가능하게 할 철학적 토대와 실천적 비전이 바로 코리안드림이다.

차례

책을 내며 코리안드림, 민족의 미래와 인류의 희망을 향하여 _5
프롤로그 왜 지금 코리안드림인가 _7

1부 코리안드림이란 무엇인가?

1장 인류 역사의 꿈 _15
2장 홍익인간의 정신 _20
3장 문현진 박사의 코리안드림 비전 _24
4장 코리안드림과 하나님 아래 인류 한 가족 _29
5장 코리안드림의 철학적 토대 _33

2부 근현대사의 드림과 민족의 여정

6장 이승만의 자유민주주의 공화국 _39
7장 박정희의 산업화와 국민적 도약 _43
8장 대한민국의 국제적 위상과 민주화 과정 _47
9장 김대중 정부와 6·15 남북정상회담 _52
10장 문재인의 평화 프로세스와 판문점 선언 _60
11장 문현진의 코리안드림 _66
12장 초인류 최정상 국가 비전 _71

3부 두 국가론의 위험성과 반통일적 본질

13장 북한의 적대적 두 국가론과 평화적 두 국가론 _79
14장 대한민국 헌법 정신과 두 국가론의 충돌 _83
15장 국제사회와 캠프 데이비드 선언 _87
16장 두 국가론은 왜 분단을 영구화하는가 _92
17장 두 국가론을 거부해야 하는 이유 _98

4부 문현진 박사의 광복 80주년 3대 제안

18장 통일부는 폐지되어야 한다 _105
19장 통일부를 대신할 국민통일자문기구 설립 _111
20장 코리안드림을 국가 통일 철학으로 _117
21장 코리안드림의 공교육화 _123
22장 통일정책의 일관성과 국민적 합의 _131

5부 국민에게 드리는 호소

23장 두 국가론 반대! 통일은 민족의 생명이다 _141
24장 국민께 드리는 메시지 _147

에필로그 광복 80주년, 하늘이 준 마지막 기회 _154

PART

1

코리안드림이란 무엇인가

1장

인류 역사의 꿈

인류 역사를 움직여 온 거대한 힘 가운데 하나는 '꿈(Dream)', 곧 미래를 향한 집단적 비전이었다. 역사학자 아놀드 토인비(Arnold Toynbee)가 지적했듯이, 문명은 도전과 응전의 과정에서 고유한 이상을 통해 발전해 왔다. 민족과 문명은 저마다의 드림을 품고 세상을 바꾸었으며, 이 드림은 단순한 이상이 아니라, 새로운 질서를 창조하는 동력이었다.

13세기 몽골의 칭기즈칸(Genghis Khan, 1162~1227)은 유라시아 대륙을 제패했다. 그의 드림은 영토 확장이라는 단순한 목표를 넘어서, "One Sky, One Empire(하늘은 하나요,

제국은 하나다)"라는 통합의 이상을 담고 있었다. 하나의 하늘 아래 모든 부족을 통합해 하나의 질서를 세우려는 것이 그의 비전이었다.

그는 철저한 군사적 조직력과 법제 정비를 통해 당시 세계 인구의 약 25%를 통치하는 광대한 제국을 건설했다. 역사학자, 잭 웨더포드(Jack Weatherford)의 연구에 따르면, 몽골 제국은 단순한 정복 국가가 아니라 실크로드를 통해 동서 문명을 연결하고 교류시킨 문명의 교량 역할을 수행했다. 그러나 그 드림은 군사력이라는 '힘'에 기초한 것이었기에 지속가능성을 확보하지 못했고, 결국 역사 속으로 사라졌다.

근대 이후 인류 문명을 이끌어온 대표적 드림은 미국의 아메리칸드림(American Dream)이다. 이는 자유, 인권, 기회의 평등, 그리고 번영이라는 가치를 누구에게나 열려 있는 보편적 이상으로 제시한 꿈이었다. "노력하면 누구나 성공할 수 있다"는 신념은 전 세계 수많은 이민자를 미국으로 이끌었으며, 퓨 리서치 센터(Pew Research Center)의 2023년 조사에 따르면, 여전히 미국 이민자의 73%가 아메리칸드림을 신뢰한다고 응답했다.

이 드림은 개인의 자유를 보장하고, 자유시장경제의 역동성을 통해 세계를 선도하는 국가를 만들었다. 그리고 제2차 세계대전 이후에는 United Nations(국제연합) 창설을 주도하며 세계질서의 중심에 섰다. 그러나 동시에 아메리칸드림은 물질적 번영과 개인주의에 치우치면서 사회적 양극화와 가치의 혼란을 낳는 한계도 드러내고 있다. OECD 통계에 따르면 미국의 지니계수는 0.48로 선진국 중 가장 높은 수준의 불평등을 보인다.

그렇다면 동방의 한민족은 무엇을 꿈꾸었는가. 우리 민족의 드림은 이미 5천 년 전 고조선의 건국이념에 담겨 있다. 그것은 홍익인간(弘益人間, Benefit Broadly All Humankind)이다. "세상을 널리 이롭게 하라"는 이 명령은 단순한 민족적 이상만이 아니라, 인류 전체를 향한 포괄적 비전이었다.

서울대학교 철학과 김상환 교수는 "홍익인간은 단순한 이타주의를 넘어 인간 존재의 관계적 본질을 드러내는 철학"이라고 분석한다. 이는 '나'와 '너', '우리 민족'만을 위한 가치가 아니라, 모든 인간과 온 세상을 위한 삶의 철학이었다. 한

민족은 수많은 침략과 고난 속에서도 이 정신을 잃지 않았으며, 홍익인간은 학교 교과서에만 남은 구호가 아니라, 민족의 영혼 속에 살아 있는 불꽃으로 계승되었다.

오늘날 제시되는 코리안드림(Korean Dream)은 이 홍익인간 정신을 21세기의 언어와 맥락으로 재정립한 비전이다. 코리안드림은 민족적 드림을 넘어 One Family under God(하나님 아래 인류 한 가족)이라는 인류 공동체의 보편적 꿈으로 확장된다. 몽골의 드림은 '힘'에 기초했고, 미국의 드림은 '개인적 번영'에 기초했다면, 코리안드림은 '나눔과 상생, 섬김'에 기초한다.

정치적으로는 도덕적 자유민주주의를 지향하며, 이는 개인의 자유와 공동체의 책임이 조화를 이루는 체제를 의미한다. 경제적으로는 도덕적 자유시장경제를 추구하며, 이는 경제 활동에 사회적 책임을 통합하는 시스템을 뜻한다.

사회문화적으로는 '심정문화공동체'를 구현하고자 하며, 이는 상호 존중과 나눔이 일상화된 공동체를 지향한다. 코리안드림은 한민족의 꿈을 넘어, 인류의 보편적 꿈이다. 그리고 그것이야말로 오늘의 분단된 한반도를 통일로 이끌고, 세계를 새롭게 변화시킬 비전이다.

2장

홍익인간의 정신

 한민족의 뿌리에는 고조선 건국이념인 홍익인간(弘益人間)이 있다. 이는 단순한 건국 표어가 아니라, 5천 년 역사를 관통하는 민족의 영원한 정체성이다. "세상을 널리 이롭게 하라"는 이 정신은 우리 민족 삶의 방향을 제시한 나침반이었을 뿐만 아니라, 동시에 인류 문명 전체에 이바지할 수 있는 철학적 토대를 제공했다.

 『삼국유사』에 기록된 고조선 건국 신화에 따르면, 환웅은 인간 세상을 다스리기 위해 하늘에서 내려와 '홍익인간'을 통치 이념으로 삼았다. 여기서 '홍(弘)'은 넓게, 크게 퍼뜨린다는 뜻이고, '익(益)'은 이롭게 한다는 뜻이다. 따라서 홍익인간은 "널리 인간 세상을 이롭게 한다"는 의미를 담고 있다.

 이 사상은 단순히 부족 단위의 결속을 넘어서, 모든 인류와 세상을 향한 포괄적 가치였다. 역사학자들의 연구에 따르면, 당시 다른 문명권이 자국 중심적 세계관을 가지고 있던 것과 달리, 고조선은 태초부터 보편적이고 포용적인 세계 비전을 품고 있었다는 점에서 독특한 위치를 차지한다. 홍익인간은 동서양 사상과 비교해도 독창적이다.

 중국의 유교는 인(仁)을 강조했지만, 이는 주로 군주와 신하, 가족과 공동체 안에서의 윤리적 관계에 중점을 두었다. 서양의 그리스 철학은 이성(logos)을 강조하며 인간의 존엄을 탐구했으나, 보편적 가치보다는 도시국가 중심의 질서를 우선했다. 기독교의 아가페(Agape)는 보편적 사랑을 말했지만, 이는 종교적 신앙 고백을 전제로 한 사랑이었다.

 이에 비해 홍익인간은 특정 종교나 집단에 한정되지 않고, 태초부터 "세상 전체"를 품은 보편적 가치였다. 이것이 바로 한민족 사상의 독특한 위대함이며, UNESCO가 2019년 보고서에서 "홍익인간 정신이 현대 지속가능발전목표(SDGs) 달성에 이바지할 수 있다"고 평가한 이유이기도 하다.

이 정신은 우리 역사 속에서 끊임없이 계승되었다. 고려의 불교문화는 인류 전체의 평화를 추구하는 불국토사상으로 발전했으며, 이는 팔만대장경 같은 문화유산으로 결실을 보았다. 조선은 유교적 도덕 정치를 통해 백성을 위한 민본주의를 강조했으며, 세종대왕의 한글 창제는 백성을 위한 홍익인간 정신의 구체적 실현이었다.

근대에 들어 독립운동가들은 홍익인간을 민족해방의 철학적 기반으로 삼았으며, 1919년 3·1운동의 독립선언서에도 이러한 정신이 담겨 있었다. 특히 1948년 제정된 대한민국 헌법 전문과 교육기본법에는 홍익인간이 교육의 이념으로 명시되었다.

이는 대한민국이 단순한 민족국가를 넘어, 인류 전체의 번영과 평화에 이바지하겠다는 선언이며, 현재까지도 우리 교육의 근본적 이념으로 자리 잡고 있다는 점을 잘 보여준다.

오늘날 홍익인간의 정신은 코리안드림(Korean Dream)으로 계승되고 발전하고 있다. 코리안드림은 홍익인간을 현대적 언어로 재해석한 것으로, 세상을 널리 이롭게 하는 철학이 통일된 한반도를 통해 구현될 수 있다는 비전을 제시한다.

통일대한민국은 단순히 남과 북이 하나 되는 정치적 사건만이 아니다. 그것은 인류에게 새로운 희망을 주는 역사적 전환점이다. 한민족이 품어온 홍익인간의 철학이, 통일을 통해 세계사에 실체적 기여로 나타나는 것이다. 홍익인간은 추상적 이상이 아니다. 그것은 실천적 명령이다.

오늘날 우리에게 주어진 과제는 분명하다. 분단을 극복하고 통일을 이루어, 세계를 이롭게 하는 나라, 인류의 희망이 되는 세계평화의 모델국가로 통일대한민국을 세우는 것이다. 이것이 바로 5천 년 홍익인간 정신이 21세기에 요구하는 시대적 사명이다.

3장

문현진 박사의 코리안드림 비전

한민족의 뿌리 깊은 건국이념인 홍익인간은 오늘날 코리안드림(Korean Dream)이라는 새로운 이름으로 다시 태어났다. 이 철학을 시대적 비전으로 정립하고 체계화한 사람이 문현진 박사다.

그는 미국 컬럼비아 대학에서 역사학을 전공하며 동서양 문명의 교차점에서 한민족의 정체성을 탐구했고, 『코리안드림』이라는 저서를 통해 통일 한국의 비전을 제시했다. 지난 14년간 그는 이 비전을 국내외에 전파하며 통일을 위한 국제적 공감대를 구축하는 데 헌신해 왔다.

코리안드림의 본질은 민족의 꿈과 인류의 보편적 꿈이 만나는 지점에 있다. 한편으로 민족의 꿈은 통일이다. 분단을 끝내고, 하나 된 한민족으로 사는 것이 우리의 숙원이다. 다른 한편으로 인류의 꿈은 하나의 가족 공동체다. "One Family under God(하나님 아래 인류 한 가족)"이라는 비전이 바로 그것이다.

따라서 코리안드림은 민족적 통일을 넘어, 인류 보편의 이상을 실현하는 다리 역할을 한다. 이는 한반도의 통일이 단순히 우리 민족만의 과제가 아니라, 인류 전체가 함께 나아갈 미래의 모델을 제시하는 역사적 사건임을 의미한다.

코리안드림은 통일대한민국이 지향해야 할 세 가지 핵심축을 다음과 같이 제시한다.

첫째, 정치 영역에서는 도덕적 자유민주주의(Moral Liberal Democracy)를 구현해야 한다. 이는 단순히 제도적 민주주의가 아니라, 도덕적 가치를 기반으로 한 자유민주수의를 의미한다. 정치는 권력 투쟁의 장이 아니라 국민을 위하여 봉사하는 공적 책임의 영역이 되어야 한다. 이를 위해서는 정치인의 도덕성 강화, 투명한 정책 결정 과정, 시민의 적극적 참여가 필수적이다.

둘째, 경제 영역에서는 도덕적 자유시장경제(Moral Free Market Economy)를 실현해야 한다. 이는 무분별한 경쟁과 탐욕의 자본주의가 아니라, 상생과 나눔을 바탕으로 한 경제 시스템을 의미한다. 시장의 자유 속에 도덕적 책임이 함께해야 하며, 기업의 사회적 책임(CSR)과 ESG 경영이 일상화되어야 한다.

셋째, 사회문화 영역에서는 심정문화공동체(Culture of Heart Community)를 구현해야 한다. 이는 서로를 존중하고 위하여 주는 공동체, 섬김과 나눔을 실천하는 사회를 의미한다. 가정과 이웃에서 출발하여 민족과 세계로 확장되는 이러한 문화적 비전은 한국의 전통적인 정(情) 문화와 현대적 시민의식이 결합한 새로운 공동체 모델을 제시한다.

오늘날 세계는 거대한 전환기에 놓여 있다. 한반도는 한국·미국·일본이 주도하는 자유민주 진영과, 북한·중국·러시아가 형성하는 권위주의 진영이 맞서는 지정학적 단층선 위에 위치한다. 이러한 국제질서 재편 속에서 한반도는 단순한 지역 분쟁지가 아니라 세계사의 중심 무대가 되고 있다.

이러한 상황을 위기이자 기회로 보는 시각이 필요하다. 한반도의 통일은 동북아의 안정뿐만 아니라 세계평화의 열쇠가 될 수 있다. 통일대한민국이 코리안드림을 바탕으로 초인류·최정상 국가로 성장할 때, 세계는 새로운 희망의 길을 발견하게 될 것이다.

2025년 8월 14일 광복 80주년을 맞아 제시된 구체적인 실천 과제는 다음과 같다.

첫째, 통일부를 폐지해야 한다. 현재의 통일부는 정권이 바뀔 때마다 정책이 180도 바뀌며, 사실상 분단을 관리하는 부처로 전락했다. 북한의 전략에 끌려다니는 현 체제를 근본적으로 개혁해야 한다.

둘째, 범국민 통일자문기구를 설립해야 한다. 사회 각계각층의 인물이 참여하여, 정치적 이해관계를 초월한 통일정책을 수립하고, 코리안드림을 통일 철학으로 일원화해야 한다. 이 기구는 정권 교체와 무관하게 일관된 정책을 유지할 수 있는 독립성을 보장받아야 한다.

셋째, 코리안드림의 공교육화를 실현해야 한다. 초·중·고·대학생은 물론 일반 시민까지 모두가 코리안드림 비전과 통일 철학을 배우고 공유해야 한다. 이를 위해 교육과정 개편, 교사 연수, 시민교육 프로그램 등이 체계적으로 준비되어야 한다.

이 세 가지 제안은 단순한 구호가 아니라, 통일을 위한 구체적이고 실현할 수 있는 로드맵이다. 과제별로 단계적 실행계획을 수립하고, 국민적 합의를 통해 추진해야 한다.

코리안드림은 특정 개인의 비전이 아니라, 민족의 꿈과 시대의 요청이 만나는 역사적 결정체다. 코리안드림은 한반도의 통일을 가능하게 하는 철학적 토대를 제공하며, 통일된 한국이 세계사에 이바지할 수 있는 구체적 방향을 제시한다.

"통일은 우리 민족만을 위한 것이 아니라, 세계 인류를 위한 것이다"라는 선언은 홍익인간 정신의 현대적 표현이다. 바로 여기에 코리안드림의 위대함이 있으며, 이것이 우리가 이 비전을 실현해야 하는 이유다. 코리안드림은 한민족의 통일을 넘어 인류 문명의 새로운 지평을 여는 비전이다. 그 중심에는 One Family under God(하나님 아래 인류 한 가족)이라는 철학이 있다.

4장

코리안드림과 하나님 아래 인류 한 가족

 이 개념은 특정 종교의 교리가 아닌 인류의 보편적 이상을 담은 영적 가치의 표현이며, 모든 인간의 존엄성과 상호연결성을 인정하는 세계관이다. 코리안드림은 고조선의 건국 이념인 홍익인간에서 출발한다.

 그러나 이 정신은 한민족만을 위한 것이 아니라, 본질적으로 인류 전체를 향한 메시지를 담고 있다. "세상을 널리 이롭게 하라"는 홍익인간의 정신은 태초부터 보편적 가치를 지향했으며, 이는 21세기 글로벌 시대에 더욱 절실한 의미가 있다.

이러한 철학적 토대 위에서 코리안드림은 민족의 드림에서 인류의 드림으로 확장된다. 즉, 한반도의 통일은 단순한 민족적 과제가 아니라, 인류가 하나 되는 길의 출발점이 되어야 한다는 것이다. 이는 배타적 민족주의를 넘어서는 포용적이고 보편적인 비전이다.

Family under God은 동서양 사상과 종교의 공통 가치를 아우르는 통합적 개념이다. 유교는 인(仁)과 효(孝)를 통해 가족적 질서를 강조했고, 이는 인간관계의 기본을 가족적 사랑에서 찾는다는 점에서 One Family 개념과 연결된다. 불교는 자비(慈悲)를 통해 모든 생명을 하나의 공동체로 보았으며, 이는 만물의 상호연결성을 인정한다는 점에서 보편적 가족 개념과 통한다.

기독교는 아가페(Agape), 곧 무조건적 사랑을 통해 인류의 형제애를 가르쳤다. 칸트(Immanuel Kant)는 인간을 수단이 아닌 목적으로 대우하라는 정언명령을 통해 인간 존엄의 보편성을 철학적으로 정립했다. 이 모든 가치가 합류하는 지점이 바로 One Family under God이며, 코리안드림은 이를 아시아적 맥락 속에서 체계화한 21세기의 철학적 선언이라 할 수 있다.

한반도의 통일은 단지 민족 내부의 문제가 아니라, 동북아의 긴장과 대립을 해소하고 세계 평화의 길을 여는 열쇠다. 헨리 키신저(Henry Kissinger) 전 미국 국무장관은 "한반도의 통일은 아시아 질서 재편의 핵심"이라고 평가한 바 있다.

분단의 상징인 한반도가 통일될 때, 인류는 실제로 하나의 가족으로 나아가는 첫걸음을 떼게 된다. 따라서 코리안드림과 One Family under God은 서로 떨어져 있는 개념이 아니다.

전자가 민족적 토대와 구체적 실현 방안을 제시한다면, 후자는 인류적 차원의 궁극적 지향점을 보여준다. 한민족이 통일을 이루는 순간, 그것은 단순한 정치적 통합을 넘어 인류 공동체의 새로운 모델을 제시하는 역사적 사건이 될 것이다.

그러나 이 비전은 단순한 이상론으로 그쳐서는 안 된다. 통일을 가로막는 두 국가론과 같은 퇴행적 발상은 반드시 극복

되어야 한다. 분단을 합리화하고 영구화하려는 시도는 One Family under God의 꿈을 근본적으로 부정하는 것이다.

이를 극복하기 위해서는 다음과 같은 구체적 과제들이 실행되어야 한다.

첫째, 정치권의 당파적 이해관계를 초월한 통일정책 수립 체계를 구축해야 한다.
둘째, 국민적 합의에 기초한 통일 철학을 확립하고 이를 교육을 통해 확산시켜야 한다.
셋째, 국제사회와의 연대를 강화하여 한반도 통일에 관한 지지를 확보해야 한다.

이 세 가지 과제가 실행될 때, 한민족의 코리안드림은 인류의 One Family under God으로 연결될 것이며, 이는 21세기 인류 문명의 새로운 방향을 제시하는 이정표가 될 것이다.

5장

코리안드림의 철학적 토대

코리안드림은 고조선의 건국이념인 홍익인간에서 출발하지만, 그 철학적 깊이는 인류가 오랜 역사 속에서 탐구해 온 보편적 가치들과 깊이 연결되어 있다. 동서양의 위대한 사상가와 종교가 추구해 온 가치는 결국 "인류가 하나의 가족으로 살아가는 길"을 지향한다는 점에서 공통분모를 가지며 코리안드림은 이러한 다양한 철학적 전통을 21세기적 언어로 통합하고 재해석한 결과물이다.

공자의 사상에서 가장 핵심적인 개념은 인(仁)이다. "사람을 사랑하는 것(仁者愛人)"이라는 정의가 보여주듯, 인은 인간이 인간답게 사는 길을 제시한다. 그러나 이는 단순한 개인의 덕목이 아니라, 사회적 관계 속에서 서로를 존중하고 위하는 태도를 의미한다.

유교적 전통 속에서 인은 가족을 넘어 공동체, 나아가 천하로 확장된다. 맹자는 "측은지심(惻隱之心)"을 인의 단서로 보았으며, 이는 타인의 고통에 공감하는 보편적 정서를 의미한다. 이러한 유교적 인간관은 코리안드림이 말하는 "세상을 널리 이롭게 하라(弘益人間)"와 깊이 맞닿아 있다. 홍익인간과 인은 모두 인간이 서로를 위해 존재할 때 진정한 사회가 이뤄진다는 진리를 담고 있다.

기독교가 인류에게 남긴 위대한 유산은 아가페(Agape)라는 사랑의 개념이다. 아가페는 조건 없는 사랑, 자기희생적 사랑을 뜻한다. 그것은 단순한 감정이 아니라, 의지적 결단과 행동을 요구하는 실천적 사랑이다.

예수 그리스도가 보여준 아가페는 인류가 하나님의 형상으로 창조된 존재라는 믿음에서 비롯되었다. 이는 모든 인간이 근본적으로 동등한 존엄성을 가진다는 인식으로 이어지며, 차별과 분열을 넘어 모두를 품는 포용의 정신을 낳는다. 코리안드림이 제시하는 One Family under God(하나님 아래 인류 한 가족)은 이러한 아가페 정신의 현대적 표현이며, 종교적 경계를 넘어서는 보편적 사랑의 실현을 지향한다.

독일의 철학자 임마누엘 칸트(Immanuel Kant, 1724~1804)는 계몽주의 시대에 인간 이성의 한계와 가능성을 탐구했다. 그의 가장 중요한 기여는 "인간을 수단이 아니라 목적으로 대우하라"는 정언명령을 통해 근대 도덕철학의 기초를 놓은 것이다. 그는 인간이 이성적 존재로서 보편적 도덕법칙을 따를 수 있으며, 이러한 능력이 인간 존엄성의 근거가 된다고 보았다.

칸트의 철학은 인간 존엄의 보편성을 강조한다. 인류의 그 누구도 타인의 이익을 위한 수단으로 전락해서는 안 되며, 모두가 그 자체로 목적이 되는 존엄한 존재로 존중받아야 한다는 것이다.

이는 곧 모든 인간이 평등한 가족 구성원임을 의미하며, 코리안드림이 말하는 심정문화공동체(Culture of Heart

Community)의 철학적 기초가 된다. 한 사람 한 사람이 목적적 존재로서 존중받는 사회, 그것이 바로 칸트가 꿈꾸고 코리안드림이 실현하고자 하는 이상사회다.

유교의 인은 관계적 사랑을 제시하고, 기독교의 아가페는 무조건적 사랑을 보여주며, 칸트의 도덕철학은 보편적 인간 존엄을 철학적으로 정립한다. 이 세 가지 사상적 전통은 서로 다른 시대와 문화권에서 발전했지만, 인간의 존엄성과 상호 연결성이라는 공통된 가치를 추구한다는 점에서 일치한다.

코리안드림은 이 모든 가치를 아시아적 맥락과 한민족의 영성 속에서 재해석하고 통합한다. 그 결과, 단순한 민족적 구호를 넘어 인류 전체가 공유할 수 있는 철학적 비전으로 거듭난다. 홍익인간에서 시작된 한민족의 정신적 유산이 유교, 기독교, 근대 철학의 정신과 만나 21세기 인류 문명의 나침반으로 자리매김하고 있다.

PART
2

근현대사의 드림과 민족의 여정

6장

이승만의 자유민주주의 공화국

 광복 이후 한반도는 해방의 기쁨과 함께 분단의 비극을 동시에 맞이했다. 일본 제국주의의 압제에서 벗어난 지 불과 몇 달 만에, 한반도는 미국과 소련의 냉전 구도 속에 갈라졌다.
 이 혼란한 시기에 대한민국 건국의 기초를 놓은 인물이 바로 이승만 대통령(1875~1965)이었다. 그의 업적과 한계를 객관적으로 평가하는 것은 오늘날 우리가 나아갈 방향을 정하는 데 중요한 의미가 있다.

 이승만은 미국에서 유학하며 자유민주주의와 기독교적 신

양의 영향을 깊이 받았다. 프린스턴 대학에서 정치학 박사학위를 받은 그는 서구 민주주의의 이론과 실제를 깊이 이해하고 있었다. 해방 이후 혼란 속에서 그는 공산주의 세력을 막아내고, 자유민주주의 공화국을 세우는 것이 민족 생존의 유일한 길이라고 확신했다.

1948년 제헌국회에서 대한민국 헌법이 제정되고, 이승만이 초대 대통령으로 선출되면서 대한민국은 자유민주주의 공화국으로 출범했다. 이는 한민족 역사상 최초로 국민주권과 민주적 헌정을 명문화한 사건이었으며, 동아시아에서 일본에 이어 두 번째로 민주공화국을 수립한 역사적 성취였다.

이승만의 반공 정책은 당시 냉전이라는 국제 현실 속에서 불가피한 선택이었다. 그는 "자유 없는 평화는 노예의 평화"라는 신념으로 공산주의와의 대결을 피하지 않았다. 1950년 한국전쟁이 발발했을 때, 이승만은 대한민국을 지키기 위해 끝까지 항전했고, 유엔군의 지원을 끌어내며 국가의 존립을 지켜냈다.

그의 강력한 반공 노선은 한편으로 분단을 고착하는 결과를 가져왔지만, 역사학자들은 당시의 국제정세를 고려할 때 대안이 제한적이었다고 평가한다. 만약 그의 결단이 없었다면, 대한민국은 오늘날의 번영을 누릴 수 없었을 것이라는 점에서 그의 역사적 기여는 인정받아야 한다.

이승만의 업적은 대한민국이라는 국가의 기초를 놓았다는 점에 있다. 자유민주주의, 국민주권, 개인의 자유와 인권은 대한민국 헌법의 근간이 되었고, 이는 훗날 코리안드림이 실현될 토양이 되었다. 그가 구축한 한미동맹은 현재까지도 한국 안보의 핵심 축을 이루고 있으며, 국제사회에서 대한민국의 정당성을 인정받는 기초가 되었다.

그러나 동시에 그의 집권 과정은 권위주의적 성격을 띠었고, 장기 집권을 위한 정치적 탄압과 부정선거는 결국 4·19혁명으로 이어지는 비극을 낳았다. 연세대학교 정치외교학과 김영수 교수는 "이승만 정부는 국가 건설의 토대를 마련했으나, 민주적 제도화에는 한계를 보였다"고 평가한다. 이러한 한계에도 불구하고, 대한민국의 출발점이 자유민주주의 공화국이었다는 사실은 역사적으로 결정적 의미를 지닌다.

이승만의 자유민주주의 공화국은 민족의 드림 실현의 첫 단계였다. 그는 분단 현실 속에서도 대한민국을 자유민주주의 체제로 세움으로써, 훗날 통일대한민국이 나아갈 정치적 방향의 기초를 제시했다. 그가 헌법에 명시한 홍익인간 정신과 민주공화국의 이상은 오늘날 코리안드림이 추구하는 가치의 출발점이 되었다.

 코리안드림이 말하는 도덕적 자유민주주의는 이승만이 세운 자유민주주의 토대를 계승하면서도, 그 한계를 넘어서는 것을 목표로 한다. 단순히 반공의 논리를 넘어서, 도덕적 가치와 홍익인간 정신에 입각한 정치 체제를 구현하는 것이다.

 이승만의 꿈은 자유민주주의로 세운 나라였고, 오늘날 우리의 꿈은 그 나라를 통일과 세계평화의 모델로 확장하는 것이다. 두 사람의 꿈은 시대를 달리하지만, 같은 역사적 맥락 위에 놓여 있다.

7장

박정희의 산업화와 국민적 도약

1960년대 초 대한민국은 세계에서 가장 가난한 나라 중 하나였다. 한국전쟁의 폐허는 여전히 깊었고, 1인당 국민소득은 80달러에 불과했다. 국민의 삶은 절망적이었고, 많은 이들이 이 나라의 미래를 비관적으로 보았다. 그러나 이 위기 속에서 대한민국은 놀라운 변신을 이루어냈다. 그 중심에는 박정희 대통령(1917~1979)이 있었다.

1961년 5·16군사정변으로 집권한 박정희는 정치적 정통성에 대한 부담을 안고 있었다. 그는 이 부담을 극복하기 위해 무엇보다 경제 발전을 국가 최우선 과제로 삼았다. 그의 구호는 단순했지만 강렬했다. "우리도 한번 잘살아보세!" 이 한마디는 가난과 굶주림에 지친 국민의 심장을 울렸고, 비로소 희망을 심어주는 메시지가 되었다.

박정희 정부는 1962년부터 경제개발 5개년 계획을 추진했다. 이는 체계적이고 과학적인 경제 발전 전략으로, 한국 경제사의 전환점이 되었다. 첫 번째 계획기간(1962-1966) 동안 도로, 항만, 발전소 같은 사회기반시설을 건설했고, 경공업 중심의 수입대체 산업화를 추진했다.

두 번째와 세 번째 계획기간에는 경공업에서 중화학공업으로 산업 구조를 전환했으며, 수출 지향적 산업화를 통해 세계시장에 도전했다. 한국은행 통계에 따르면, 이 기간 한국 경제는 연평균 9.2%의 고도성장을 달성했다.

1인당 GDP는 1962년 87달러에서 1979년 1,773달러로 20배 이상 증가했고, 수출액은 5,470만 달러에서 150억 달러로 274배 성장했다. 1970년대에 이르러 대한민국은 '한강의 기적'이라 불리는 경제 성장의 신화를 창조했고, 농촌에는 새마을운동이 전개되어 근대화의 바람이 불었다.

박정희 시대의 산업화는 대한민국을 가난에서 벗어나게 했을 뿐 아니라, 자립적 경제 기틀을 마련했다. 이는 오늘날 우리가 세계 10위권 경제 대국으로 성장하는 초석이 되었다. 포항제철(현 포스코)의 건설, 경부고속도로의 개통, 울산 중화학공업단지의 조성 등은 한국 경제의 기간산업을 형성했다.

그러나 그 과정에서 독재적 정치, 인권 억압, 지역 불균형, 환경 파괴 등 부정적 유산도 남겼다. 노동운동의 탄압, 농촌의 상대적 낙후, 재벌 중심의 경제구조 형성 등은 오늘날까지도 한국 사회가 해결해야 할 과제로 남아 있다. 산업화의 성취와 그림자는 모두 역사적 사실로서 균형 있게 평가되어야 한다.

박정희의 산업화는 민족 드림의 중요한 전환점이었다. 이승만이 정치적 토대를 마련했다면, 박정희는 경제적 토대를 구축했다. 자유민주주의 공화국이라는 국가 틀 위에, 산업화와 경제 성장이라는 실질적 힘을 더한 것이다. 이것은 훗날 통일대한민국이 세계 속에서 경쟁할 수 있는 물질적 기반을 갖추는 데 결정적 이바지를 했다.

코리안드림은 정치·경제·사회 모든 영역에서 도덕성과 인간 중심의 공동체를 강조한다. 박정희의 산업화는 경제적 기적을 이루었으나, 도덕성과 민주성의 측면에서는 한계가 있었다. 따라서 코리안드림이 지향하는 도덕적 자유시장경제는 박정희의 업적을 계승하되, 그 부작용을 넘어서는 모델이다.

도덕적 자유시장경제는 성장과 분배의 균형, 인간 존엄을 지키는 경제 발전, 나눔과 상생이 중심이 되는 경제 질서를 추구한다. 이는 박정희 시대의 압축 성장이 남긴 과제들을 해결하면서도, 한국 경제의 역동성을 유지하는 새로운 패러다임이다. 박정희의 산업화가 물질적 토대를 마련했다면, 코리안드림은 그 위에 정신적 가치를 더하는 것이다.

8장

대한민국의 국제적 위상과 민주화 과정

　박정희 대통령의 산업화 정책은 대한민국을 전쟁의 폐허에서 세계가 주목하는 신흥 산업국으로 일으켜 세웠다. 그러나 경제 발전만으로는 완전한 민족의 드림을 실현할 수 없었다. 국민은 정치적 자유와 정의를 요구했고, 민주주의의 확산은 시대적 요청이었다.

　1980년대부터 현재까지 대한민국이 걸어온 민주화와 국제화의 여정은 코리안드림 실현의 또 다른 중요한 토대가 되었다. 1970~80년대 대한민국은 눈부신 경제 성장을 바탕으로 국제사회에서 점차 위상을 높여갔다. 특히 1988년 서울올림픽은 한국이 전쟁과 분단의 나라에서 세계인의 축제를 주최할 수 있는 국가로 성장했음을 보여주는 상징적 사건이었다.

올림픽은 동서 냉전 체제하에서 12년 만에 공산권과 자유진영이 모두 참가한 화합의 올림픽이었으며, 한국의 발전상을 전 세계에 알리는 계기가 되었다. 1991년 대한민국과 북한이 동시에 유엔(UN)에 가입하면서, 한국은 국제사회에서 당당한 주권 국가로 인정받았다.

2000년대 이후에는 IT, 반도체, 조선, 자동차 산업을 통해 세계 경제에서 선도적 위치를 확보했다. 삼성, LG, 현대 등 한국 기업들은 글로벌 브랜드로 성장했고, 한국은 세계 10위권 경제 대국으로 도약했다.

오늘날 대한민국은 문화적으로도 소프트파워 강국으로 자리 잡았다. K-팝과 K-드라마로 대표되는 한류는 아시아를 넘어 전 세계로 확산했고, 방탄소년단(BTS)과 영화 '기생충'의 성공은 한국 문화의 보편적 호소력을 입증했다.

국제사회는 이제 한국을 더 이상 원조 받는 나라가 아니라, 원조를 제공하는 나라로, 문화를 수입하는 나라가 아니라 문화를 수출하는 나라로 바라본다. 그러나 경제 발전이 정치적 민주주의를 자동으로 보장하지는 않았다. 한국의 민주화 과정은 국민의 피와 땀으로 쟁취한 것이었다.

1960년 4·19혁명은 학생과 시민이 독재에 맞서 자유를 외친 최초의 민주항쟁이었다. 이승만 정권의 부정선거에 항거한 이 혁명은 비록 5·16군사정변으로 좌절되었지만, 민주주의에 대한 국민의 열망을 보여준 역사적 사건이었다.

1980년 광주 민주화 운동은 군부 독재에 맞선 민중의 숭고한 저항이었다. 수백 명의 시민이 민주주의를 위해 목숨을 바쳤고, 이 비극적 사건은 한국 민주화 운동의 분수령이 되었다. 광주의 희생은 헛되지 않았으며, 이후 전국적인 민주화 운동의 동력이 되었다.

1987년 6월 민주항쟁은 국민의 힘으로 대통령 직선제를 쟁취한 역사적 승리였다. 수백만 명의 시민이 거리로 나와 민주화를 요구했고, 결국 군사정권은 국민의 요구를 수용할 수밖에 없었다. 이 항쟁은 절차적 민주주의를 확립하는 결정적 계기가 되었으며, 이후 한국은 평화적 정권 교체를 통한 민주주의 공고화의 길을 걸어왔다.

대한민국은 이제 정치적으로 민주화되고, 경제적으로 선진국 대열에 합류한 독특한 모델이 되었다. 세계은행의 분석에 따르면, 개발도상국이면서도 민주주의를 동시에 성취한 나라는 극히 드물다.

이는 한국이 세계사 속에서 보여준 중요한 기여이며, 많은 개발도상국에 희망의 모델이 되고 있다. 그러나 아직 해결해야 할 과제도 많다. OECD 통계에 따르면 한국의 자살률은 회원국 중 최고 수준이며, 청년 실업률은 10%를 넘나들고 있다.

저출산 문제는 세계 최저 수준으로, 2023년 합계출산율은 0.72명을 기록했다. 사회적 양극화, 세대 갈등, 남녀 갈등 등도 한국 사회가 직면한 심각한 도전이다. 그리고 무엇보다 남북 분단은 여전히 우리의 발목을 잡고 있다.

대한민국의 국제적 위상 상승과 민주화는 민족의 드림을

구체적으로 진전시킨 사건이었다. 이승만의 자유민주주의 공화국이 정치적 토대를 마련했고, 박정희의 산업화가 경제적 토대를 세웠다면, 민주화 과정은 정치적 정당성과 국민 참여의 기틀을 다진 것이다.

이것만으로는 코리안드림이 완성되지 않는다. 진정한 완성은 한반도의 통일을 통해서만 가능하다. 민족의 최종 과제는 분단을 극복하고 통일을 이루는 것이며, 그 통일은 단순한 정치적 통합이 아니라 인류의 보편적 가치와 꿈을 실현하는 역사적 사건이어야 한다. 대한민국의 민주화와 경제 발전은 이러한 코리안드림 실현의 필수 조건이다. 이제 남은 과제는 민주적 토대와 경제적 힘을 바탕으로, 통일을 향해 나아가는 것이다.

9장

김대중 정부와 6·15 남북정상회담

1990년대 말, 대한민국은 다시 한번 거대한 전환점에 서 있었다. 아시아 외환위기로 인해 수많은 기업이 도산하고, 수백만 명이 일자리를 잃었으며, IMF 관리체제라는 국가적 위기를 맞았다. 국민은 좌절과 불안을 동시에 느꼈고, "이대로는 안 된다"는 절박함이 사회 전반에 퍼져 있었다.

이 위기 속에서 1998년, 김대중(金大中) 대통령이 이끄는 국민의 정부가 출범했다. 김대중은 한국 현대정치사에서 가장 드라마틱한 인물 중 하나였다. 그는 군사정권 시절 수차례의 투옥과 납치, 사형선고까지 받으며 민주화를 위해 헌신했다. 그가 대통령이 된 것은 단순한 정권 교체가 아니라, 한국 민주주의의 성숙을 상징하는 사건이었다.

김대중 정부는 출범과 동시에 "사람이 먼저다"라는 신념 아래, 경제 회복과 사회 통합, 그리고 남북관계의 획기적 전환을 국가 목표로 세웠다. 그는 과거의 대결과 적대의 논리를 넘어, 화해와 협력을 통한 한민족의 공존을 비전으로 제시했다. 이것이 바로 그의 역사적 구상인 '햇볕정책(Sunshine Policy)'이었다.

1997년 외환위기 직후 대한민국은 국가 부도의 문턱까지 몰렸다. 국민총생산(GDP)은 급감하고, 실업률은 8%를 넘었으며, 수많은 가정이 무너졌다. 이때 김대중 정부는 과감한 구조조정과 투명한 금융개혁을 단행했다. 그는 국제통화기금(IMF)과의 협상을 주도하며 "고통 분담을 통한 국가 회생"을 호소했고, 국민들은 자발적으로 금 모으기 운동에 동참했다.

이 국민적 연대는 전 세계를 놀라게 했다. 단 1년 만에 한국은 IMF 관리체제에서 조기 졸업했고, 다시 경제 성장 궤도에 올랐다. 그는 외국 자본을 유치하고, 정보통신기술(IT) 산업을 국가 전략산업으로 육성했다. 이 시기에 초고속 인터넷 인프라가 확충되고, 벤처 붐이 일어났으며, 한국은 디지털 강국으로 발돋움하기 시작했다.

이 경제 재건은 단순한 위기 극복이 아니라, 한국 경제구조의 근본적 체질 개선이었다. 김대중의 개혁은 자유시장경제의 역동성을 강화하면서도, 사회적 약자를 보호하는 복지 기반을 함께 확립했다. 이는 훗날 코리안드림이 말하는 '도덕적 자유시장경제'의 현실적 전조였다. 즉, 시장의 자유 속에 인간의 존엄과 연대를 결합하는 방향으로의 진전이었다.

김대중 정부의 가장 상징적인 정책은 단연 남북관계였다. 그는 오랜 분단과 대결의 역사를 끝내고, 평화와 화해의 새 장을 열겠다는 결단을 내렸다. 그가 제시한 햇볕정책은 "북한의 체제를 무너뜨리려 하기보다, 따뜻한 햇살로 녹이자"는 비유로 표현됐다.

그 핵심은 세 가지였다.
첫째, 무력 도발에는 단호히 대응한다.
둘째, 체제 경쟁을 지양하고 상호 화해와 협력을 추진한다.

셋째, 북한 주민의 삶을 개선하는 인도적 지원을 지속한다.

이 접근은 단순한 유화책이 아니라, 냉전적 사고를 넘어 '같은 민족으로서 함께 살아가기 위한 전략적 인내'였다. 그는 "통일은 하루아침의 사건이 아니라, 신뢰와 교류 속에서 서서히 다가오는 과정"이라 보았다.

당시 국제사회에서도 이러한 접근은 높은 평가를 받았다. 빌 클린턴 미국 대통령은 김대중의 햇볕정책을 "21세기의 새로운 평화 패러다임"이라고 극찬했고, 유엔 사무총장은 이를 동북아 안정의 모범적 사례로 언급했다.

2000년 6월 13일, 김대중 대통령은 역사상 처음으로 평양을 방문했다. 그를 맞이한 이는 김정일 국방위원장이었다. 분단 이후 처음으로 남북의 최고 지도자가 마주 선 이 장면은, 전 세계 언론이 "한반도 냉전의 장벽이 무너지는 순간"이라고 평가한 역사적 사건이었다.

6월 15일, 두 정상은 '6·15 남북공동선언'을 발표했다. 그 주요 내용은 다음과 같다.

1. 남과 북은 서로 상대방의 체제를 인정하고 존중한다.
2. 통일은 자주적으로, 우리 민족끼리 해결한다.
3. 이산가족 상봉과 인도적 교류를 추진한다.
4. 경제 협력을 확대한다.
5. 남북 당국 간 대화를 정례화한다.

이 선언은 단순한 외교문서가 아니었다. 그것은 반세기 동안 얼어붙은 민족의 가슴을 녹이는 선언이었다. 이후 금강산 관광이 재개되고, 개성공단 건설이 논의되었으며, 남북 이산가족 상봉이 이루어졌다.

비록 이후 정치적 굴곡 속에서 완전한 제도화로 이어지지는 못했지만, 6·15는 분단 시대 이후 최초의 '민족적 화해의 실체적 시작점'이었다. 국민들은 TV를 통해 평양 시민이 환호하며 남측 대통령을 맞이하는 장면을 지켜보며, "통일이 멀지 않았다"는 희망을 처음으로 실감했다.

김대중의 또 다른 업적은 권위주의 정치문화의 종식과 민주주의의 제도화를 이룬 것이다. 그는 오랜 투쟁 끝에 민주주의를 쟁취한 세대로서, 권력의 절제를 통해 그 정신을 실천했다.

그는 재임 중 언론 자유를 보장하고, 시민사회의 참여를 확대했으며, 군과 정보기관의 정치 개입을 근본적으로 차단했다. 또한, 여성부 신설, 기초생활보장제 도입 등 사회적 약자를 위한 제도를 강화했다.

그의 정치철학은 '도덕적 책임이 없는 자유는 방종이고, 도덕이 없는 시장은 탐욕'이라는 믿음에 기초했다. 이는 코리안드림이 제시하는 도덕적 자유민주주의의 구체적 실천이라 할 수 있다. 그의 리더십은 개인의 신념과 희생, 그리고 국민과의 신뢰 속에서 형성된 '도덕적 정치'의 한 전형이었다.

2000년 노벨평화상 수상은 그 상징적 결실이었다. 노벨위원회는 그가 "민주주의와 인권, 그리고 한반도 평화 증진에 기여했다"고 평가했다. 이는 한국인 최초의 노벨상 수상이며, 분단국의 지도자로서는 전무후무한 영예였다.

그러나 모든 성취가 그렇듯, 김대중의 비전도 도전과 논쟁에 직면했다. 일부에서는 햇볕정책이 북한의 체제 유지에 도움을 주었다는 비판이 제기되었고, 남북관계가 제도화되지 못한 채 정권 교체와 함께 흔들렸다는 지적도 있다. 또한, 대북송금 논란은 그의 성과에 그림자를 드리웠다.

그럼에도 불구하고, 역사적으로 평가해야 할 본질은 분명하다. 그가 남긴 가장 큰 유산은 "적대의 시대에서 대화의 시대로의 전환"이다. 그는 분단을 '관리의 대상'이 아닌 '극복의 과제'로 바라보았고, 통일을 위한 철학적 접근의 필요성을 제시했다.

그의 시도는 완결되지 않았지만, 민족의 방향을 바꾸는 거대한 첫걸음이었다. 이는 후대가 계승하고 발전시켜야 할 역사적 과제이자, 코리안드림이 나아갈 길과 맞닿아 있다.

코리안드림은 통일을 민족의 숙명으로 보고, 이를 실현하기 위한 철학적·도덕적 토대를 강조한다. 이 관점에서 볼 때, 김대중의 국민의 정부는 분단 체제의 심리적 장벽을 허물고, 통일의 '심정문화적기반'을 마련한 시기였다.

그가 제시한 화해의 비전은 "세상을 널리 이롭게 하라"는 홍익인간 정신의 현대적 실천이었고, 그가 보여준 포용의 리더십은 "하나님 아래 인류 한 가족"이라는 코리안드림의 가치와 본질적으로 통한다.

김대중은 통일을 "힘의 논리가 아닌 신뢰와 사랑의 논리로 이루어야 한다"고 말했다. 이 말은 곧 코리안드림의 핵심인 심정문화공동체(Culture of Heart Community)의 정신과 맞닿아 있다. 그가 실천한 평화의 정치, 상생의 경제, 인권의 민주주의는 한반도가 나아가야 할 도덕적 방향을 제시했다.

따라서 김대중의 시대는 단지 '정권 교체'의 시기가 아니라, 분단 시대를 넘어 코리안드림의 시대를 준비한 전환기였다. 그가 시작한 화해와 협력의 정신은 이후의 모든 통일 논의의 출발점이 되었고, 한반도 통일의 철학적 기반으로서 코리안드림이 실체화될 수 있는 토양을 제공했다.

결론적으로, 김대중의 국민의 정부는 산업화의 시대를 넘어 도덕과 화해의 정치로 향한 문명사적 이행기였다. 그가 남긴 6·15 공동선언은 분단의 벽을 넘어 민족이 한 가족임을 다시 확인한 선언이었으며, 이는 코리안드림이 지향하는 "하나 된 민족, 하나 된 인류"의 여정을 여는 서막이었다.

10장

문재인의 평화 프로세스와 판문점 선언

2017년 대한민국은 또 한 번 거대한 전환을 맞이했다. 박근혜 정부의 국정농단 사건으로 촉발된 촛불 시민혁명은 1,700만 명이 참여한 평화적 민의의 분출이었다. 이는 단지 정권 교체의 요구가 아니라, "정의롭고 투명한 나라, 국민이 주인인 민주주의"를 향한 역사적 외침이었다.

그 결과 등장한 문재인 정부(2017~2022)는 '국민이 나라의 주인이다'라는 민주주의의 원칙을 복원하고, 한반도 평화를 향한 새로운 길을 열겠다는 의지를 천명했다. 그의 시대정신은 "평화가 경제이고, 평화가 번영이다"라는 구호로 요약된다. 이는 산업화의 경제 성장, 민주화의 정치적 성취를 넘어, 평화와 공존을 통한 민족적 도약을 목표로 한 새로운 국가 비전이었다.

문재인 정부 출범 당시 한반도는 극단적 긴장 상태에 놓여 있었다. 2016~2017년, 북한은 연이은 핵실험과 대륙간탄도미사일(ICBM) 발사를 감행하며 국제사회의 제재를 받았고, 미국 트럼프 행정부는 '화염과 분노'라는 표현으로 군사적 대응을 시사했다.

전쟁의 그림자가 짙게 드리운 가운데, 문재인 정부는 정반대의 길을 택했다. 그는 한미 공조를 유지하면서도 대화의 문을 열어두는 '한반도 평화 프로세스'를 추진했다. 평창동계올림픽을 계기로 남북 교류의 물꼬를 트며, 2018년 4월 27일 역사적인 판문점 남북정상회담이 성사되었다.

2018년 4월 27일, 문재인 대통령과 김정은 국무위원장은 군사분계선을 사이에 두고 손을 맞잡았다. 그 장면은 6·15 정상회담 이후 18년 만에 다시 열린 민족 화해의 순간이었다. 두 정상은 '한반도의 완전한 비핵화'와 '항구적 평화체제

구축'을 약속하며, 「판문점 선언」을 발표했다.

그 주요 내용은 다음과 같다.
1. 남북은 더 이상 전쟁을 하지 않으며, 한반도에서 항구적 평화체제를 구축한다.
2. 단계적 군축과 적대행위 중지, 비무장지대의 평화지대화 추진.
3. 남북 이산가족 상봉 재개 및 철도·도로 연결 등 실질적 협력사업 추진.
4. 연내 종전선언 추진과 미·북 정상회담의 연결.

이 선언은 한반도 분단 70여 년 동안 지속된 적대의 구조를 대화의 구조로 바꾸려는 역사적 시도였다. 군사분계선을 넘나드는 두 정상의 모습은 세계 언론에 실시간으로 중계되며, "한반도에 봄이 왔다"는 상징적 표현으로 회자되었다.

같은 해 9월, 문재인 대통령은 평양을 방문하여 김정은 위원장과 세 번째 정상회담을 가졌고, 150,000 평양 시민 앞에서 "우리 민족은 5천 년을 함께 살아왔고, 앞으로도 함께 살아갈 민족"이라고 연설했다. 이 장면은 냉전 이후 한반도 역사에서 가장 인상적인 화해의 장면 중 하나로 기록되었다.

문재인 정부의 한반도 정책은 남북 관계의 틀을 넘어, 미·북 정상회담이라는 역사적 사건을 끌어내는 촉매 역할을 했다. 그는 2018년 싱가포르 미·북 회담과 2019년 하노이 회담의 가교 역할을 수행하며, 대한민국이 단순한 지역 당사자가 아닌 국제적 중재자로 자리매김할 수 있음을 보여주었다. 이는 한국 외교의 위상을 한 단계 높이는 전환점이었다.

또한, 그의 '평화 프로세스'는 유럽연합(EU)과 유엔을 비롯한 국제사회에서 "분쟁 지역 평화 구축의 모범 사례"로 주목받았다. 문재인은 '평화는 강자의 담대한 선택'임을 강조하며, 무력 대신 신뢰를 기반으로 한 평화의 외교를 실천하려 했다.

그러나 그가 꿈꾼 한반도 평화는 완성되지 못했다. 2019년 하노이 미·북 정상회담이 합의 없이 결렬되면서, 남북관계의 모멘텀은 급속히 약화 되었다. 북한은 연락사무소 폭파, 미사일 발사 재개 등 강경 태도로 돌아섰고, 국내에서는 "비핵화의 실질적 진전이 없는 대화는 공허하다"는 비판이 제기되었다. 일부 보수 진영은 문재인 정부의 접근을 '일방적 유화책'으로 평가절하하기도 했다.

그럼에도 불구하고, 문재인 정부의 시도는 대결의 구조를 평화의 구조로 전환하려는 근본적 실험이었다. 비록 결실은 완전하지 않았으나, 그가 남긴 평화의 담론은 이후 한반도 정책의 기준이자 국민적 합의의 토대가 되었다.

코리안드림은 통일을 단순한 제도적 결합이 아닌, 민족의 심정과 도덕적 비전의 회복으로 본다. 이 관점에서 문재인 정부의 평화정책은 코리안드림의 실천적 한 단계로 해석될 수 있다.

그의 평화 프로세스는 "적을 동포로, 대결을 협력으로 바꾸는" 심정문화적 접근이었으며, 이는 김대중의 햇볕정책을 계승하면서도 국제적 연대 속에서 확장된 형태였다.

그가 남긴 가장 큰 유산은 '평화는 가능하다'는 신념을 다시 국민의 마음속에 심은 것이다. 그는 정치적 이해를 넘어, 민족의 운명적 과제인 통일의 문을 열기 위해 대화와 신뢰라는 인류 보편의 언어를 선택했다.

비록 그 길은 아직 완성되지 않았지만, 그의 시도는 "한민족이 하나로 가야 한다"는 코리안드림의 시대정신을 21세기 한반도 현실 속에서 구체적으로 구현하려 한 역사적 실험이었다.

결론적으로 문재인 정부의 평화 프로세스는 산업화와 민주화를 거쳐, 대한민국이 평화의 문명으로 나아가는 전환점이었다. 그의 시대는 완성된 결과보다, 방향의 의미가 더 컸다.

김대중이 적대의 장벽을 녹였다면, 문재인은 분단의 심연을 건너려 했다. 그의 발자취는 아직 진행형이며, 그가 심은 평화의 씨앗은 언젠가 코리안드림의 큰 나무로 자랄 것이다.

11장

문현진의 코리안드림

대한민국 근현대사의 여정을 돌아보면, 우리 민족이 걸어온 길은 일관된 방향성을 가지고 있었다. 이승만 대통령은 자유민주주의 공화국을 세워 정치적 토대를 마련했고, 박정희 대통령은 산업화를 추진하여 경제적 토대를 구축했다. 민주화 운동과 그 성취는 대한민국의 정치적 정당성과 국민적 참여 기반을 완성했다.

그러나 이 모든 것은 민족의 최종 드림, 곧 통일을 이루기 위한 준비 과정이었다. 이 여정을 완성하는 마지막 꼭짓점이 바로 코리안드림이다. 코리안드림은 단순한 정치 슬로건이나 일시적 캠페인이 아니다. 그것은 철학적 깊이와 역사적 연속성, 그리고 실천적 구체성을 갖춘 종합적 비전이다.

철학적으로, 코리안드림은 홍익인간 정신에 뿌리를 두고 있으며, 이는 5천 년 한민족 역사의 정체성과 직결된다. 역사적으로, 코리안드림은 한민족의 고난과 도전, 성취와 좌절의 역사를 모두 포괄하며 승화시킨다. 실천적으로, 코리안드림은 통일을 가능하게 할 구체적 전략과 제도, 교육 프로그램을 제안한다.

코리안드림은 통일의 마지막 단계이자, 민족 드림의 완성이다. 그것은 분단 80년의 아픔을 치유하고, 새로운 100년을 준비하는 미래 비전이다. 2025년 광복 80주년을 맞아 제시된 통일 실현을 위한 세 가지 구체적 제안은 다음과 같다.

첫째, 통일부 폐지다. 정권이 바뀔 때마다 정책이 180도 바뀌고, 북한의 전략에 끌려다니는 현재의 구조를 근본적으로 바꿔야 한다. 통일부는 설립 취지와 달리 사실상 분단을 관리하는 부처로 전락했다. 지난 20년간 통일정책이 5차례 이상 전면 수정된 것은 이러한 구조적 문제를 잘 보여준다.

둘째, 범국민 통일자문기구 설립이다. 사회 각계각층의 인물이 참여하는 이 기구는 정치적 이해관계를 초월하여 일관된 통일정책을 수립하고, 코리안드림을 통일 철학으로 일원화하는 역할을 해야 한다. 국회 추천 30%, 시민사회 30%, 학계·전문가 20%, 청년·여성 대표 20%로 구성하여 대표성을 확보하고, 6년 임기 보장과 독립 예산권을 통해 정치적 독립성을 보장해야 한다.

셋째, 코리안드림의 공교육화다. 초·중·고·대학생은 물론 일반 시민까지 모두가 코리안드림 비전과 통일 철학을 배우고 공유해야 한다. 이를 위해 단계별 실행 계획을 수립해야 한다. 2025~2026년 기반 조성기에는 교육과정 개정을 준비하고, 2027~2028년 본격 시행기에는 정규 교과에 반영하며, 2029~2030년 확산·정착기에는 전국적으로 확대한다.

이 세 가지 제안은 상호 연결되어 있으며, 통일을 위한 제도적·철학적·교육적 기반을 동시에 구축하는 종합적 전략이다.

코리안드림은 단지 남북한의 정치적 통합만을 말하지 않는다. 그것은 인류 문명사의 새로운 도약을 준비하는 철학이며, 21세기 글로벌 시대가 요구하는 새로운 패러다임이다.

정치적으로는 도덕적 자유민주주의(Moral Liberal Democracy)를 지향하여, 권력이 국민을 위해 봉사하는 진정한 민주주의를 실현한다. 경제적으로는 도덕적 자유시장경제(Moral Free Market Economy)를 추구하여, 성장과 분배, 효율과 형평이 조화를 이루는 경제 시스템을 구축한다.

사회문화적으로는 심정문화공동체(Culture of Heart Community)를 구현하여, 서로를 존중하고 배려하는 성숙한 시민사회를 만든다. 이는 기존의 민족 드림들, 자유민주주의, 산업화, 민주화를 계승하면서도, 그것을 넘어 인류 보편의 이상을 품는 철학적 진화다. 한국이 경험한 압축 성장과 민주화의 경험을 인류 전체와 공유하고, 새로운 문명 모델을 제시하는 것이다.

코리안드림은 민족 드림의 마지막 꼭짓점이다. 그것은 단순히 '하나의 나라'를 세우는 통일이 아니라, 세계를 이롭게 하는 나라, 인류가 주목하는 초일류 국가를 세우는 원대한 비전이다. 이승만의 정치적 토대, 박정희의 경제적 기반, 민주화의 성취는 모두 코리안드림을 위한 준비였다.

이제 우리는 마지막 고지에 서 있다. 코리안드림을 실현할 것인가, 아니면 두 국가론의 퇴행으로 민족의 꿈을 포기할 것인가. 역사는 우리에게 선택을 요구하고 있다. 그리고 그 선택의 결과는 단지 우리 세대만이 아니라, 우리의 후손들과 인류 전체의 미래를 결정할 것이다. 코리안드림이야말로 민족의 꿈을 완성하는 유일한 길이며, 인류에게 희망을 주는 새로운 문명의 출발점이다.

12장

초인류·최정상 국가 비전

 코리안드림이 단순히 한반도의 통일에만 국한되지 않는 이유는 분명하다. 그것은 통일대한민국이 민족 내부의 꿈을 넘어, 세계사의 새로운 모범이 되는 것을 목표로 하기 때문이다. 이러한 원대한 비전을 '초인류 최정상 국가'라는 개념으로 제시할 수 있다. 이는 단순히 강대국이 되겠다는 야심이 아니라, 인류 문명의 새로운 패러다임을 제시하겠다는 역사적 사명 의식의 표현이다.

 '초인류 국가'란 군사력이나 경제력만으로 측정되는 강대국이 결코 아니다. 그것은 정치, 경제, 사회, 문화 모든 차원에서 도덕성과 철학적 비전을 구현하는 나라를 의미한다. 단순한 선진국을 넘어, 인류가 본받을 수 있는 최고의 모델이 되는 국가다. 이러한 국가는 타국을 지배하거나 착취하는 제국이 아니라, 섬김과 나눔의 리더십으로 세계를 이끄는 도덕적 권위를 가진 나라다.

역사적으로 보면, 고대 그리스는 민주주의와 철학을, 로마는 법치와 행정 체계를, 당나라는 문화적 포용성을, 대영제국은 산업혁명과 의회민주주의를 세계에 전파했다. 그러나 이들은 모두 결국 자국의 이익을 우선시했고, 지배와 피지배의 관계를 벗어나지 못했다. 초인류 국가는 이러한 한계를 넘어서는 새로운 모델이다.

통일대한민국은 단순히 형식적 민주주의를 넘어서, 도덕적 가치를 중심에 둔 도덕적 자유민주주의(Moral Liberal Democracy)를 실현해야 한다. 이는 다음과 같은 특징을 가진다.

첫째, 권력은 국민을 위하여 존재한다는 원칙이 철저히 지켜진다. 정치인은 특권 계층이 아니라 공복(公僕)이며, 그들의 모든 활동은 투명하게 공개되고 국민의 감시를 받는다.

둘째, 법은 정의와 양심 위에 세워진다. 법치주의는 단순한 규칙의 지배가 아니라, 정의로운 법의 지배를 의미한다. 헌법재판소와 사법부의 독립성이 철저히 보장되고, 모든 국민이 법 앞에 평등하다.

셋째, 시민의 참여가 일상화된다. 직접민주주의 요소를 강화하여, 중요한 국가 정책은 국민투표와 숙의민주주의 과정을 거친다. 스위스의 직접민주주의와 아일랜드의 시민의회 모델을 한국적 상황에 맞게 적용한다.

오늘날 세계는 탐욕적 자본주의와 극단적 사회주의 사이에서 방황하고 있다. 2008년 글로벌 금융위기는 규제 없는 자본주의의 위험성을 보여주었고, 베네수엘라의 경제 붕괴는 극단적 사회주의의 실패를 증명했다. 통일 한국은 도덕적 자유시장경제(Moral Free Market Economy)를 실현함으로써, 자유와 책임, 성장과 분배를 조화롭게 결합할 수 있다.

이는 다음과 같은 구체적 정책으로 실현된다.

첫째, ESG(환경·사회·지배구조) 경영을 법제화하여 기업의 사회적 책임을 강화한다.

둘째, 사회적 기업과 협동조합을 육성하여 이윤 추구와 공익 실현을 동시에 추구한다.

셋째, 기본소득이나 부의 소득세 같은 혁신적 복지 제도를 도입하여 기술 발전으로 인한 일자리 감소에 대비한다.

이는 단순한 경제 성장 모델이 아니라, 인류가 직면한 불평등과 양극화 문제에 대한 구체적 대안이 될 것이다. 통일한국은 심정문화공동체(Culture of Heart Community)를 구현해야 한다.

이는 인간이 서로를 위하여 주는 문화, 섬김과 나눔이 일상화된 사회를 의미하며, 한국의 전통적인 정(情) 문화와 두레, 품앗이, 계, 같은 공동체 정신을 현대적으로 재해석하여, 개인주의와 공동체주의가 조화를 이루는 새로운 모델을 만든다. 구체적으로는 다음과 같은 정책들이 시행될 수 있다.

첫째, 3세대 통합 주거 단지를 조성하여 세대 간 교류를 활성화한다.

둘째, 지역 공동체 화폐를 도입하여 지역 경제 순환을 강화한다.

셋째, 자원봉사를 학점이나 경력으로 인정하는 제도를 확대하여 나눔 문화를 제도화한다.

이러한 문화는 한민족이 가진 정(情)의 전통과 홍익인간의 철학을 세계적 가치로 승화시키는 길이다.

대한민국은 이미 산업화, 민주화, 정보화를 동시에 이룬 독특한 역사를 가진 나라다. 세계은행의 보고서에 따르면, 1960년 최빈국에서 2020년 선진국으로 도약한 유일한 사례다. 여기에 통일이 더해진다면, 우리는 세계사에 없는 새로운 모델을 창조하게 된다.

통일 한국이 실현할 수 있는 것은 다음과 같다. 첫째, 서구가 이루지 못한 민주주의와 공동체의 조화를 실현한다. 둘째, 동아시아가 해결하지 못한 경제 성장과 인간 존엄의 균형을 달성한다. 셋째, 분단국가가 평화적 통일을 이룬 성공 사례를 제시한다.

이 모든 것을 담은 국가가 바로 초인류 최정상 국가, 곧 통일 대한민국이다.

코리안드림은 민족의 꿈을 초월하여 인류 전체의 이상을

담는다. 초인류·최정상 국가는 단순한 미래상이 아니라, 우리가 반드시 이루어야 할 역사적 사명이고 하늘의 명령이다. 우리는 더 이상 분단의 민족이 아니라, 인류에게 희망을 주는 등불의 민족이 되어야 한다.

 키에르케고르가 말한 것처럼, 아시아의 등불이 켜지는 날, 동방의 한민족은 세계의 밝은 빛이 될 것이다. 그 예언을 실현하는 것이 바로 우리 세대의 과제이며, 코리안드림을 통한 통일이 그 길이다.

PART 3

두 국가론의 위험성과 반통일적 본질

13장

북한의 적대적 두 국가론과 평화적 두 국가론

 한반도 분단 80년의 역사에서 가장 위험한 사상적 조류는 바로 '두 국가론'이다. 이는 남과 북을 영구히 분리된 두 개의 국가로 고착화시키려는 시도로, 헌법정신과 민족의 염원을 정면으로 부정한다. 최근에는 북한의 적대적 두 국가론뿐만 아니라, 일부 정치 지도자들이 제기하는 소위 '평화적 두 국가론'까지 등장, 분단 고착화의 위험이 더 커지고 있다.

 북한은 건국 이래 줄곧 두 국가론을 주장해 왔다. 그들의 논리는 표면적으로는 단순하다. 한반도에는 두 개의 주권 국가가 존재하므로, 남과 북은 '통일'이 아니라 '국가 간 관계'

를 맺어야 한다는 것이다. 그러나 이는 단순한 현실 인정론이 아니라, 치밀하게 계산된 전략적 선택이다.

이 논리는 대한민국 헌법 정신을 정면으로 부정한다. 헌법 제3조는 "대한민국의 영토는 한반도와 그 부속 도서로 한다"고 명시하고 있으며, 헌법 제4조는 "대한민국은 통일을 지향한다"고 천명하고 있다. 따라서 북한의 두 국가론은 대한민국의 정체성을 해체하고, 분단을 영구화하려는 의도적 전략이다.

북한은 이 논리를 국제사회에 지속적으로 전파해 왔다. 1991년 남북한 UN 동시 가입을 계기로 '두 개의 코리아' 논리를 강화했고, 2000년대 들어서는 '낮은 단계의 연방제'를 통해 사실상 두 국가 체제를 인정받으려 했다. 그러나 대한민국은 일관되게 이를 거부하며, '한민족공동체 통일방안'을 통해 남북이 협력하여 점진적으로 통일을 이루자는 비전을 제시해 왔다.

충격적인 것은, 최근 대한민국 내에서도 두 국가론적 발언이 나오고 있다는 사실이다. 일부 정치 지도자들은 '평화적 공존'이라는 명분으로 사실상 두 국가론을 수용하는 듯한 태도를 보이고 있다. 이들은 "현실적으로 남북이 이미 두 개의 실체로 존재하니, 이를 인정하고 평화적으로 공존하자"는 논리를 펼친다.

그러나 이는 표면적으로 '평화적'이라는 수식어가 붙었을 뿐, 본질적으로는 북한의 적대적 두 국가론과 다르지 않다. 두 국가론은 그것이 적대적이든 평화적이든 간에, 결국 분단을 기정사실화하고, 통일의 헌법적 비전을 포기하며, 민족의 미래를 스스로 차단하는 것이다.

대한민국의 헌법은 통일을 국가의 기본 목표로 명확히 규정하고 있다. 헌법재판소는 2000년 7월 20일 결정(98헌바63)에서 "북한은 평화통일을 위한 대화와 협력의 동반자임과 동시에 대남 적화 노선을 고수하는 경계 대상"이라고 판시했다. 이는 북한을 적대적 실체로만 보지도 않고, 그렇다고 독립된 국가로 인정하지도 않는 균형 잡힌 해석이다.

따라서 대통령이나 정치 지도자가 두 국가론을 주장하는 순간, 그는 헌법의 근본정신과 충돌하게 된다. 이는 단순한 정치적 실수나 정책적 선택의 차원이 아니라, 국가 정체성을 뒤흔들고 헌법 질서를 부정하는 중대한 문제다.

2023년 8월 한미일 캠프 데이비드 정상회담에서, 세 나라 정상은 한반도 통일 지지를 명확히 선언했다. 공동성명은 "우리는 자유롭고 평화로운 통일 한국을 지지한다"고 명시했다. 이는 국제사회가 대한민국의 통일 비전을 인정하고 지지한다는 명확한 신호였다.

그런데 만약 대한민국 스스로 두 국가론을 수용한다면, 이러한 국제적 지지를 정면으로 거부하는 것이 된다. 국제사회는 혼란에 빠질 것이며, "한국 스스로 통일을 포기했는데, 왜 우리가 지지해야 하는가?"라는 의문을 제기할 것이다. 이는 외교적 자산의 손실일 뿐만 아니라, 국제적 신뢰의 붕괴를 의미한다.

북한의 적대적 두 국가론은 대한민국을 약화하려는 전략이고, 평화적 두 국가론은 스스로 약화하는 자해 행위다. 둘 다 통일을 부정한다는 점에서 본질은 같다. 통일은 단순한 선택지가 아니라, 헌법적 명령이자 민족의 역사적 사명이다. 두 국가론은 이를 정면으로 부정하는 반헌법적, 반민족적, 반역사적 발상이다.

14장

대한민국 헌법 정신과 두 국가론의 충돌

대한민국 헌법은 단순한 법률 조문의 집합이 아니다. 그것은 우리 민족의 역사적 열망과 미래 비전을 담은 국가의 근본규범이다. 헌법 정신과 두 국가론의 충돌은 단순한 법리적 문제를 넘어, 국가 정체성과 민족의 운명에 관한 근본적 대립이다.

대한민국 헌법 전문은 다음과 같이 시작한다. "유구한 역사와 전통으로 빛나는 우리 대한국민은 3·1운동으로 건립된 대한민국임시정부의 법통과 불의에 항거한 4·19 민주 이념을 계승하고.…" 이는 대한민국이 일제강점기 독립운동의 법통을 계승한 정통 국가임을 천명하는 것이다.

여기에는 대한민국이 단순한 분단국가가 아니라, 한민족 전체를 대표하는 정통 국가임이 명시되어 있다. 대한민국의 정통성은 1919년 상하이에서 수립된 임시정부로부터 이어지며, 이는 한반도 전체와 모든 한민족을 포괄하는 것이다. 즉, 대한민국은 본질적으로 한반도 전체와 그 모든 국민을 아우르는 국가라는 것이 헌법 정신의 핵심이다.

헌법 제3조는 명확하게 규정한다. "대한민국의 영토는 한반도와 그 부속 도서로 한다." 이 조항은 1948년 제헌헌법부터 현재까지 일관되게 유지되고 있는 핵심 조항이다.

이는 대한민국이 북한 지역을 포기하지 않음을 의미한다. 헌법학계의 통설에 따르면, 남북한은 국제법적으로 두 개의 국가가 아니라, 하나의 국가가 일시적으로 분단된 상태일 뿐이다.

서울대학교 헌법학 교수 김선택은 "헌법 제3조는 대한민국의 영토적 정당성과 통일의 당위성을 동시에 담보하는 조항"이라고 해석한다. 따라서 두 국가론은 헌법 제3조와 정면으로 배치되며, 이를 주장하는 것은 위헌적 행위다.

헌법 제4조는 대한민국의 기본 목표를 다음과 같이 천명한다. "대한민국은 통일을 지향하며, 자유민주적 기본 질서에 입각한 평화적 통일 정책을 수립하고 이를 추진한다." 여기서 통일은 선택이 아니라 헌법적 의무다. '지향한다'는 표현은 단순한 희망이 아니라, 국가가 반드시 추구해야 할 헌법적 과제를 의미한다.

대한민국은 통일을 지향하지 않는 순간, 헌법을 부정하는 국가가 된다. 헌법재판소는 "통일조항은 국가기관에 대한 헌법적 명령"이라고 판시한 바 있다. 따라서 정치 지도자가 두 국가론을 언급하는 것은 헌법 정신을 파괴하는 것과 다름없다.

두 국가론은 다음과 같은 헌법적 모순을 내포한다. 첫째, 북한의 적대적 두 국가론은 대한민국의 헌법 질서를 부정하려는 외부의 도전이다. 이는 우리가 당연히 거부해야 할 적대적 논리다. 둘째, 일부 정치 지도자들의 평화적 두 국가론은 헌법의 의무를 스스로 포기하는 내부의 붕괴다. 이는 헌법 수호 의무를 저버리는 배신행위다.

결과적으로 두 국가론은 모두 대한민국을 분단국가로 고착한다. 이는 헌법이 지향하는 자유민주적 통일과 정면으로 충돌하며, 국가의 정체성을 근본적으로 훼손하는 것이다.

헌법 제66조는 대통령의 책무를 이렇게 규정한다. "대통령은 국가의 독립, 영토 보존, 국가의 계속성과 헌법을 수호할 책무를 진다." 따라서 대통령이 두 국가론을 언급하는 순간, 그는 헌법 수호의 책무를 위반하는 것이다.

이는 단순한 정치적 실수가 아니라, 탄핵 사유에 해당할 수 있는 중대한 헌법 위반이다. 국민은 이러한 사실을 직시해야 한다. 통일은 정치인의 선택 사항이 아니라, 헌법이 명령한 민족의 사명이다. 두 국가론은 민족을 배신하는 길이며, 국민은 이를 단호히 거부해야 한다.

15장

국제사회와 캠프 데이비드 선언

 한반도의 분단은 단순히 남북한만의 문제가 아니다. 제2차 세계대전 이후 미·소 냉전 질서 속에서 강대국의 이해관계에 따라 생겨난 국제적 비극이다. 따라서 그 해결 역시 국제정치의 맥락 속에서 논의되어야 하며, 국제사회의 지지와 협력이 필수적이다. 2023년 캠프 데이비드 선언은 이러한 국제적 지지를 확인하는 역사적 이정표였다.

 한반도의 분단은 동북아시아뿐만 아니라 세계 평화에 직접적인 위협이 되고 있다. 북한의 핵무기 개발과 미사일 실험은 국제 비확산 체제를 위협하고 있으며, 한반도의 군사적 긴장은 언제든 지역 전쟁으로 확대될 수 있는 화약고다.

국제사회는 오랫동안 한반도의 분단이 동북아의 불안정 요인임을 인식해 왔다. 헨리 키신저 전 미국 국무장관은 "한반도 통일은 아시아 세기의 시작을 알리는 신호탄"이라고 평가했고, 즈비그뉴 브레진스키는 "통일 한국은 동북아 균형의 핵심"이라고 강조했다. EU는 공식 문서에서 "한반도의 평화통일을 지지한다"는 뜻을 반복적으로 표명해 왔다.

2023년 8월 18일, 미국 캠프 데이비드에서 열린 한미일 정상회의는 여러 면에서 역사적 의미가 있다. 이는 한일 관계 정상화를 넘어, 동북아 안보 협력의 새로운 틀을 만든 회의였다.

공동성명의 핵심 내용은 다음과 같다.

첫째, "우리는 자유롭고 평화로운 통일 한국에 관한 지지를 재확인한다."

둘째, "한반도의 완전한 비핵화는 공동의 목표다."

셋째, "인도-태평양 지역의 평화와 번영을 위해 협력을 강화한다."

특히 통일 한국에 대한 명시적 지지는 매우 중요한 의미가 있다. 이는 단순한 외교적 수사가 아니라, 미국과 일본이 한반도 통일을 적극적으로 지원하겠다는 약속이다. 일본이 한국의 통일을 공식 지지한 것은 역사상 처음이며, 이는 과거사를 넘어 미래를 함께 만들어가겠다는 의지의 표현이다.

그러나 캠프 데이비드 선언 이후 불과 2년도 되지 않아, 일부 한국 정치 지도자들이 두 국가론적 발언을 하는 것은 심각한 외교적 모순이다. 국제사회가 한국의 통일을 지지하고 있는데, 한국 스스로 통일을 포기하는 듯한 신호를 보낸다면, 이는 국제적 신뢰를 무너뜨리는 자충수다.

미국 브루킹스연구소의 한반도 전문가 캐서린 문은 "한국이 스스로 통일 의지를 포기한다면, 미국의 대북 정책 기조도 바뀔 수밖에 없다"고 경고했다. 일본 게이오대학의 오코노기 마사오 교수는 "두 국가론은 동북아 질서의 현상 유지를 고착하는 위험한 발상"이라고 비판했다.

오늘날 세계는 한국이 통일을 통해 새로운 문명 모델 제시를 기대하고 있다. 독일 통일이 유럽 통합의 계기가 되었듯이, 한반도 통일은 아시아 평화 질서의 초석이 될 수 있다.

UN 사무총장 안토니우 구테흐스는 "한반도 통일은 지속가능발전목표(SDGs) 달성의 중요한 사례가 될 것"이라고 평가했다. OECD는 "통일 한국은 세계 5위 경제 대국이 될 잠재력이 있다"는 보고서를 발표했다. 이러한 국제적 기대는 단순한 희망이 아니라, 한반도 통일이 인류 전체에 이바지할 수 있다는 확신에 기초한다.

따라서 국제적 지지를 배반하는 두 국가론은 민족의 미래를 가로막을 뿐만 아니라, 국제사회에서 한국의 신뢰와 위상을 추락시키는 외교적 재앙이다. 캠프 데이비드에서 확인된 것은 단순한 외교적 합의가 아니다. 그것은 통일 대한민국이 세계가 지향해야 할 미래의 모델이 될 수 있다는 국제사회의 신뢰와 기대였다.

자유민주주의 가치를 공유하는 국가들이 한반도 통일을 지지하는 것은, 통일이 단순한 민족 과제를 넘어 인류 보편의 가치 실현이라는 인식을 공유하기 때문이다.

이제 남은 것은 우리 스스로 선택이다. 통일을 지향하는 헌법의 명령을 따를 것인가, 아니면 두 국가론의 유혹에 빠져 민족의 꿈을 스스로 포기할 것인가. 역사는 우리에게 분명히 말한다. 국제사회는 우리 편이며, 통일은 가능하다. 문제는 우리의 의지와 결단이다.

16장

두 국가론은 왜 분단을 영구화하는가

 두 국가론의 가장 치명적인 문제는 그것이 분단을 일시적 상태가 아닌 영구적 현실로 고착한다는 점이다. 표면적으로는 현실을 인정하는 실용적 접근처럼 보이지만, 실제로는 통일의 가능성을 원천적으로 차단하는 위험한 사상이다. 이 장에서는 두 국가론이 어떻게 분단을 영구화시키는지 그 메커니즘을 분석한다.

 두 국가론은 표면적으로 "남과 북은 이미 두 개의 실체로 존재하니, 이를 현실적으로 인정하자"는 논리를 펼친다. 그러나 이는 현실 인정이 아니라 현실 고착화다. 정치학자 베

네딕트 앤더슨(Benedict Anderson)의 '상상의 공동체' 이론에 따르면, 국가 정체성은 객관적 실재가 아니라 구성원들의 집단적 상상과 의지에 의해 형성된다.

 두 국가론을 수용하는 순간, 우리는 스스로 통일의 상상력을 포기하는 것이다. 두 국가론은 분단을 기정사실로 한다. 통일은 더 이상 '미래의 목표'가 아니라 '불가능한 환상'으로 치부되며, 남북은 같은 민족이 아니라 외교적 상대국으로 전락한다. 이는 80년 분단의 비정상을 정상으로, 일시적 분리를 영구적 분열로 전환하는 것이다.

 결과적으로 두 국가론은 통일을 향한 국민의 의지를 약화하고, 후대에 분단을 당연한 현실로 받아들이게 만드는 독이 된다. 대한민국의 정체성은 단일 민족, 단일 국가라는 역사적 전통에 뿌리를 두고 있다. 5천 년 동안 한반도에서 하나의 민족으로 살아온 우리의 역사는 80년 분단으로 부정될 수 없다. 그러나 두 국가론이 정착하는 순간, 우리는 더 이상 '하나의 민족'이 아니게 된다.

 언어학자 노엄 촘스키(Noam Chomsky)는 "언어가 사고를 규정한다"고 했다. 남북을 두 개의 국가로 부르기 시작하면, 우리의 사고도 그에 따라 변한다. "한민족"이라는 이름은 공허한 수사가 되고, 북한 주민은 같은 민족이 아닌 외국인이 된다. 이미 청년 세대 중 상당수가 북한을 '우리'가 아닌 '그들'로 인식하기 시작했다는 조사 결과가 이를 증명한다.

북한은 오래전부터 두 국가론을 주장하며, 남한을 국제적으로 '대등한 국가'로 인정받으려 했다. 이는 통일 의무에서 벗어나고, 체제 보장을 받으며, 핵보유국의 지위를 인정받으려는 전략이다.

일부 정치 지도자들이 내세우는 '평화적 두 국가론'은 결국 북한의 논리에 말려든 셈이다. 북한은 통일의 의무에서 벗어나고, 남북 협력은 '민족의 통일'을 향하지 않고 단순한 '국가 간 거래'로 변질되며, 북한은 국제사회에서 '독립된 국가'로 자리매김할 수 있는 발판을 얻게 된다.

미국 랜드연구소의 브루스 베넷 박사는 "두 국가론은 북한의 체제 생존 전략에 정확히 부합한다"고 분석했다. 즉, 두 국가론은 남북 모두에게 평화를 주지 않는다. 오히려 북한의 전략적 승리를 보장해 주고, 남한의 정체성을 훼손하며, 동북아의 불안정을 영구화할 뿐이다.

앞에서 살펴본 바처럼 국제사회는 대한민국의 통일을 지지하고 있다. 2023년 캠프 데이비드 선언은 그 최근 사례다. 특히 자유민주 진영은 한국이 통일을 통해 새로운 평화 질서를 만들어 나가길 기대한다. 그런데 대한민국 스스로 두 국가론을 선언한다면, 국제사회는 혼란에 빠질 수밖에 없다.

외교 전문가들은 다음과 같은 질문을 제기할 것이다. "한국 스스로 통일을 포기했는데, 왜 우리가 지지해야 하는가?" "대한민국의 헌법과 국가 목표가 무엇인가?" "북한을 독립국가로 인정한다면, 북핵 문제도 다르게 접근해야 하는가?" 이러한 질문들은 대한민국의 외교적 신뢰를 무너뜨리고, 국제적 고립을 초래할 것이다.

통일 지지를 철회한 국제사회는 한반도 문제를 '두 개 코리아의 분쟁'으로 재정의한 것이고, 이는 우리의 외교적 입지를 크게 약화할 것이다. 두 국가론은 정치적 구호일 뿐, 어떠한 철학적 근거도 없다. 그것은 단순한 현실 타협론에 불과

하며, 미래 비전이 마련되어 있지 않다.

철학이 없는 정책은 오래갈 수 없으며, 국민을 설득할 수도 없다. 반면 코리안드림은 홍익인간의 철학, 인류 보편의 가치, 도덕적 자유민주주의라는 철학적 토대를 가진다. 통일은 철학이 있을 때 가능하다. 독일 통일이 성공한 것도 '하나의 민족, 하나의 국가'라는 확고한 철학이 있었기 때문이다. 두 국가론은 철학 없는 현실 타협일 뿐, 민족의 미래를 설계할 수 없다.

두 국가론은 통일을 영구히 봉쇄하는 길이다. 그것은 분단을 관리하는 '현실적 대안'처럼 포장되지만, 실제로는 민족의 정체성을 해체하고, 역사를 거꾸로 돌리며, 후손들에게 분단의 굴레를 대물림하는 것이다. 이는 헌법을 배신하는 것이며, 국제사회의 신뢰를 저버리는 것이고, 무엇보다 우리 민족의 미래를 스스로 포기하는 것이다.

우리는 두 국가론을 단호히 거부해야 한다. 오직 코리안드림만이 분단을 극복하고, 통일을 통해 민족과 인류를 살리는 길이다. 분단 80년의 비극을 종식할 수 있는 마지막 기회가 우리 앞에 있다. 그 기회를 놓친다면, 우리는 역사 앞에 죄인이 될 것이다.

17장

두 국가론을 거부해야 하는 이유

두 국가론은 한반도의 현실을 타협적으로 설명하는 듯 보이지만, 그 본질은 분단의 영구화이며 민족의 미래를 포기하는 것이다. 우리가 두 국가론을 반드시 거부해야 하는 이유는 헌법적, 정치적, 철학적, 역사적, 국제적, 미래 세대를 위한 관점에서 명백하다.

대한민국 헌법은 통일을 국가의 기본 목표로 명확히 규정하고 있다. 헌법 제3조는 "대한민국의 영토는 한반도와 그 부속 도서로 한다"고 명시하며, 헌법 제4조는 "대한민국은 통일을 지향하며, 자유민주적 기본 질서에 입각한 평화적 통일 정책을 수립하고 이를 추진한다"고 천명한다.

따라서 두 국가론은 헌법을 정면으로 위배한다. 헌법학자 성낙인 전 서울대 총장은 "두 국가론은 헌법의 기본 정신을 부정하는 위헌적 발상"이라고 단언했다. 헌법적 근거 없는 두 국가론은 법치주의 국가에서 수용될 수 없는 불법적 주장일 뿐이다.

대통령은 헌법 제66조에 따라 국가의 독립, 영토의 보존, 국가의 계속성과 헌법 수호의 책무를 진다. 그런데 정치 지도자가 두 국가론을 언급하는 것은, 곧 통일 지향이라는 국가 목표를 포기하는 것이며, 헌법 수호의 책무를 저버리는 것이다.

이는 단순한 정치적 선택이 아니라, 국가 원수로서의 기본 의무를 방기하는 것이다. 정치학자 최장집 고려대 명예교수는 "두 국가론은 정치적 책임을 회피하는 무책임한 발상"이라고 비판했다. 정치 지도자기 어려운 과제를 포기하고 안이한 타협을 선택하는 것은 리더십의 실패다.

두 국가론은 어떠한 철학적 토대도 갖고 있지 않다. 그것은 단순히 '현실을 인정하자'는 실용주의적 타협론에 불과하다. 철학 없는 정치, 비전 없는 정책은 민족을 이끌 수 없다.

반면 코리안드림은 깊은 철학적 토대를 갖춘 비전이다. 홍익인간의 인류애, 유교의 인(仁), 기독교의 아가페, 칸트의 도덕철학이 모두 코리안드림 속에 녹아있다. 또한 도덕적 자유민주주의, 도덕적 자유시장경제, 심정문화공동체라는 구체적 실현 방안도 제시한다. 철학 있는 비전만이 민족의 미래를 열 수 있다.

우리 민족은 5천 년 동안 하나의 민족으로 살았다. 단군 이래 고구려, 백제, 신라, 고려, 조선을 거쳐 오늘에 이르기까지, 우리는 언어와 문화, 역사를 공유하는 단일 민족이었다. 분단은 불과 80년 남짓한 역사의 왜곡일 뿐이다.

두 국가론은 이 5천 년 역사를 부정하고, 80년의 비극을 정당화하는 역사적 오류다. 역사학자 이기백은 "한민족의 정체성은 수천 년의 공동 경험에 기초한다"고 강조했다. 우리가 두 국가론을 수용한다면, 그것은 조상들의 유산을 배신하고,

역사의 연속성을 스스로 끊는 것이다.

국제사회는 한국의 통일을 지지하고 있다. 2023년 캠프 데이비드 선언에서도 한미일 3국은 한반도 통일 지지를 명확히 밝혔다. EU, UN, ASEAN 등 주요 국제기구들도 한반도의 평화통일을 지지하는 입장을 반복적으로 표명해 왔다.

그런데 우리가 스스로 두 국가론을 채택한다면, 국제사회는 더 이상 한국의 통일을 지지할 명분을 잃는다. 이는 외교적 자살 행위다. 미국 전략국제문제연구소(CSIS)의 빅터 차 선임고문은 "한국이 통일을 포기한다면, 동맹국들도 대북 정책을 재고할 수밖에 없다"고 경고했다.

두 국가론은 오늘의 세대가 선택할 수 있는 편리한 타협처럼 보이지만, 그것은 곧 후손들에게 분단의 굴레를 영원히 씌우는 것이다. 통일의 의지를 버리는 순간, 미래 세대는 민족적 정체성을 잃고, 반쪽짜리 국가 속에 갇히게 된다.

서울대 통일평화연구원의 2024년 조사에 따르면, 20대의 45%가 "통일이 필요하지 않다"고 응답했다. 이는 10년 전보다 20% 증가한 수치다. 두 국가론은 이러한 통일 무관심을 더욱 가속할 것이다. 우리가 지금 두 국가론을 거부하지 않으면, 우리 자녀들은 통일의 꿈조차 꾸지 못하게 될 것이다.

두 국가론은 헌법을 위반하고, 정치적 책무를 저버리며, 철학과 역사와 국제적 지지를 모두 거스르는 길이다. 그것은 곧 민족을 배신하는 것이며, 우리의 미래를 스스로 포기하는 것이다.

따라서 우리는 분명히 선언해야 한다. 두 국가론을 단호히 거부한다! 통일은 헌법의 명령이자 민족의 사명이다! 코리안드림만이 분단을 극복하고, 민족의 미래를 여는 길이다! 이것이 우리가 역사 앞에, 후손 앞에, 그리고 인류 앞에 져야 할 책임이다.

PART
4

문현진 박사의 광복 80주년 3대 제안

18장

통일부는 폐지되어야 한다

1969년 국토통일원으로 출발하여 1998년 통일부로 개편된 이 부처는 표면적으로는 통일정책을 총괄하는 핵심 기관이다. 그러나 반세기가 넘는 시간 동안 통일부가 실제로 통일에 이바지한 것은 무엇인가. 오히려 정권 교체 때마다 정책이 뒤바뀌고, 북한의 전략에 끌려다니며, 사실상 분단을 관리하는 부처로 전락했다는 비판에서 결코 자유로울 수 없다.

통일부는 1969년 박정희 정부 시절 '국토통일원'으로 출발했다. 당시는 냉전 체제하에서 반공을 국시로 삼던 시기였고, 국토통일원의 주요 임무는 대북 심리전과 통일 논리 개발이었다.

1998년 김대중 정부에서 '통일부'로 개편되면서, 표면적으로는 통일정책을 종합적으로 수립하고 추진하는 부처가 되었다. 그러나 실제로는 정권 교체 때마다 정책이 180도 바뀌었다. 진보 정권하에서 남북 대화와 교류 협력, 대북 지원을 중시했고, 보수 정권하에서는 압박과 제재, 인권 문제를 강조했다.

한국행정연구원의 분석에 따르면, 지난 20년간 통일정책의 기본 방향이 5차례 이상 전면 수정되었다. 이러한 일관성 부재는 북한이 한국을 신뢰할 수 없는 상대로 인식하게 했고, 국민에게는 통일정책에 대한 피로감을 안겨 주었다.

북한은 정권이 바뀌어도 기본 노선이 바뀌지 않는다. 김일성-김정일-김정은으로 이어지는 3대 세습 체제하에서 그들의 대남 전략은 일관되게 유지됐다. 그러나 대한민국은 5년마다 정권이 바뀔 때마다 통일정책이 요동쳤다.

노무현 정부의 '평화번영정책', 이명박 정부의 '비핵·개방·3000', 박근혜 정부의 '통일대박론', 문재인 정부의 '한반도 평화프로세스' 등 정책의 이름부터 내용까지 모두 달랐다. 이러한 변화는 북한에 전략적 기회를 제공했다.

북한은 진보 정권 시기에는 경제 지원을 최대한 받아내고, 보수 정권 시기에는 도발과 위협으로 맞섰다. 결과적으로 통일부는 북한의 전략에 끌려다니는 수동적 역할에 머물렀다.

통일부는 이름은 '통일부'지만, 실제로는 통일을 추진하지 않는다. 오히려 분단을 안정적으로 관리하는 기능에 머물러 있다. 통일부의 주요 업무를 보면 이러한 한계가 명확히 드러난다.

첫째, 대북 지원을 관리하지만, 이는 북한 체제를 연장하는 결과를 낳고 있다. 1995년부터 2023년까지 한국이 북한에 제공한 지원 총액은 약 3조 원에 달한다. 그러나 이 지원이 북한 주민의 삶을 개선하거나 통일을 앞당기는 데 이바지했다는 증거는 찾기 어렵다.

둘째, 남북 회담을 주관하지만, 근본적 통일 로드맵은 없다. 1971년 이후 600회가 넘는 남북 회담이 열렸지만, 대부분 일회성 이벤트로 끝났다. 합의문은 수없이 만들어졌지만, 실제 이행된 것은 극소수에 불과하다.

셋째, 북한이 원하지 않으면 사실상 무력화된다. 북한이 대화를 거부하면 통일부는 할 수 있는 일이 거의 없다. 2020년 북한이 개성 남북공동연락사무소를 폭파했을 때, 통일부는 무력하게 지켜볼 수밖에 없었다. 즉, 통일부는 통일의 주체가 아니라, 분단을 합리화하는 구조적 걸림돌이 되어버렸다.

2025년 광복 80주년을 맞아 제안된 통일부 폐지론은 과격한 주장이 아니라, 구조적 개혁의 필수 과제다. 통일부 폐지가 필요한 이유는 다음과 같다.

첫째, 정권의 변화에 따라 휘둘리는 통일정책의 구조적 한계를 반드시 없애야 한다. 현재의 체제로는 일관된 통일정책 추진이 불가능하다. 독일의 경우, 동방정책이 정권 교체와 무관하게 20년 이상 일관되게 추진되었기에 통일을 할 수 있었다.

둘째, 북한의 전략에 끌려다니는 '분단 관리부처'를 해체해야 한다. 통일부는 북한과의 관계 개선에만 매달려, 정작 통일 준비는 소홀히 했다. 진정한 통일 준비는 남북 관계와 별

개로 진행되어야 한다.

셋째, 진정한 통일 추진을 위한 새로운 기구로 전환해야 한다. 통일부 폐지는 통일 포기가 아니라, 오히려 통일을 현실적으로 준비하는 첫걸음이다.

통일부 폐지 이후에는, 정치적 이해관계를 초월한 범국민 통일자문기구가 필요하다. 이 기구는 다음과 같은 특징을 가져야 한다.

첫째, 사회 각계각층의 인물이 참여하여, 통일정책을 철학적으로 일원화한다. 국회 추천 30%, 시민사회 30%, 학계·전문가 20%, 청년·여성 대표 20%로 구성하여 대표성을 확보한다.

둘째, 정권 교체와 무관한 독립성을 보장받는다. 위원 임기를 6년으로 보장하고, 독립 예산권을 부여하며, 국회에 직접 보고하는 체계를 구축한다.

셋째, 코리안드림을 통일 철학으로 일원화한다. 정치적 이념 대립을 넘어, 홍익인간 정신과 인류 보편 가치에 기초한 통일 비전을 수립한다.

통일부는 더 이상 통일을 준비하는 부처가 아니다. 그것은 분단을 관리하고 현상을 유지하는 관료 조직으로 전락했다. 이제 우리는 과감히 결단해야 한다. 통일부를 폐지하고, 새로운 통일 준비 체계를 구축해야 한다. 그것이야말로 민족의 드림을 가로막는 장벽을 허물고, 통일을 향한 문을 여는 길이다.

19장

통일부를 대신할 국민통일자문기구 설립

통일부 폐지는 끝이 아니라 새로운 시작이다. 정치권력의 이해관계에 휘둘리지 않고, 북한의 전략에 끌려다니지 않으며, 진정으로 통일을 준비할 수 있는 새로운 기구가 필요하다. 범국민 통일자문기구는 바로 그 대안이다.

이 기구는 단순한 자문기관이 아니라, 통일의 철학과 전략을 수립하고, 국민적 합의를 도출하며, 실질적인 통일 준비를 주도하는 핵심 기관이 되어야 한다.

대한민국의 통일정책이 실패를 거듭한 가장 큰 이유는 일관성의 부재였다. 정권이 바뀔 때마다 정책이 바뀌었고, 남북관계는 늘 정치적 도구로 이용되었다. 그 결과 북한은 한국을 신뢰하지 않았고, 국민은 통일에 대한 확신을 잃어갔다.

통일연구원의 2024년 보고서에 따르면, 국민의 63%가 "정부의 통일정책을 신뢰하지 않는다"고 응답했다. 이는 정책의 일관성 부재가 국민의 신뢰까지 무너뜨렸음을 보여준다. 이 문제를 해결하려면, 정치권력의 이해관계에 휘둘리지 않는 영속적이고 초당적인 기구가 필요하다.

범국민 통일자문기구는 단순한 행정 부처가 아니라, 국민 전체가 참여하는 철학적·사회적 합의체다. 이 기구가 필요한 이유는 다음과 같다.

첫째, 정치권을 넘어 학계, 종교계, 기업계, 시민사회가 함께 참여함으로써 통일정책의 정당성과 대표성을 확보할 수 있다. 독일의 경우, 교회와 시민단체가 통일 과정에서 중요한 역할을 했다. 한국도 시민사회의 적극적 참여가 필요하다.
둘째, 정권의 변화와 상관없이, 통일의 철학과 전략을 일관되게 유지할 수 있다. 이스라엘의 안보 내각처럼, 정권 교체와 무관하게 국가 핵심 과제를 일관되게 추진하는 체계가 필요하다.

셋째, 국민적 합의를 통해, 통일의 비전을 사회 전반에 뿌리내릴 수 있다. 통일은 정치인들만의 과제가 아니라, 전 국민이 함께 준비해야 할 과제다.

통일자문기구가 일관성을 가질 수 있는 비결은 오직 하나다. 그것은 코리안드림을 통일 철학의 중심축으로 삼는 것이다. 코리안드림이 통일 철학의 중심이 되어야 하는 이유는 다음과 같다.

첫째, 코리안드림은 민족적 비전이면서 동시에 인류적 비전이다. 홍익인간 정신에 기초한 코리안드림은 5천 년 한민족의 정체성과 직결되면서도, One Family under God이라는 인류 보편의 가치를 담고 있다.

둘째, 정치 이념이나 정파적 이해관계를 초월한다. 좌우 이념 대립을 넘어서는 통합적 비전이기에, 국민 대다수가 공감할 수 있다.

셋째, 홍익인간 정신에 기초하기 때문에 국민 누구나 공감할 수 있다. 2024년 여론조사에서 국민의 78%가 "홍익인간 정신이 통일의 기초가 되어야 한다"고 응답했다.

즉, 통일자문기구는 다양한 의견을 모으되, 철학적으로는 코리안드림으로 일원화해야 한다.

범국민 통일자문기구는 다음과 같이 구성되어야 한다.

- 구성 방식
  - 국회 추천 30%(여야 동수 원칙)
  - 시민사회 30%(종교계, 노동계, 경제계, 문화예술계 등)
  - 학계·전문가 20%(통일, 외교, 안보, 경제 전문가)
  - 청년·여성 대표 20%(미래 세대와 젠더 균형)

총 100명으로 구성하되, 분야별 균형을 맞춘다. 위원장은 호선으로 선출하며, 정치적 중립성이 검증된 원로가 맡는다.

통일자문기구는 다음과 같은 권한과 기능을 가져야 한다.

- 정책 수립 기능
  - 통일정책 기본 방향 수립 및 정부 권고
  - 남북 관계 중장기 로드맵 작성
  - 통일 비용 추계 및 재원 마련 방안 연구

- 교육·홍보 기능
  - 통일교육 커리큘럼 개발 및 감독
  - 코리안드림 철학 교육 프로그램 운영
  - 국민 통일의식 조사 및 공론화
- 국제협력 기능
  - 해외 한민족 네트워크 구축
  - 국제사회 통일 지지 확보
  - 통일 외교 전략 수립
- 평가·감독 기능
  - 정부 통일정책 평가 및 감독
  - 남북 교류 사업 심사 및 조정
  - 통일기금 운용 감독

통일자문기구의 독립성을 보장하기 위해 다음과 같은 제도적 장치가 필요하다.

첫째, 위원 임기를 6년으로 보장한다. 정권 임기(5년)보다 길게 설정하여, 정치적 영향력을 최소화한다. 재임은 1회로 제한하여 장기 집권을 방지한다.

둘째, 독립 예산권을 부여한다. 국회가 직접 예산을 편성·

승인하여, 행정부의 압력으로부터 자유롭게 한다. 예산 규모는 GDP의 0.1% 수준으로 법제화한다.

셋째, 국회 보고 의무화한다. 분기별로 국회에 활동 보고서를 제출하고, 연 1회 국회 본회의에서 통일정책 방향을 보고한다.

넷째, 법적 지위를 헌법기관에 준하는 수준으로 보장한다. 「통일자문기구법」을 제정하여, 그 지위와 권한을 명확히 규정한다.

통일은 정권의 정치적 선택이 아니라, 민족 전체의 사명이다. 그러므로 통일을 준비하는 기구 역시 정권의 산물이 아니라, 국민 전체의 합의체여야 한다. 범국민 통일자문기구는 바로 그 해답이다.

이 기구를 통해 우리는 정치적 이해관계를 초월한 통일정책을 수립할 수 있고, 코리안드림이라는 확고한 철학을 바탕으로 일관된 방향을 유지할 수 있으며, 모든 국민이 참여하는 통일 준비를 실현할 수 있다. 이것이 바로 분단 80년의 한계를 넘어, 통일 대한민국으로 나아가는 길이다.

20장

코리안드림을 국가 통일 철학으로

통일정책의 큰 문제점 중 하나는 철학적 기반의 부재였다. 정권마다 다른 이념과 접근법을 내세웠지만, 그 근저에 깔린 일관된 철학이 없었다. 코리안드림을 국가 통일 철학으로 일원화하는 것은 이러한 혼란을 종식하고, 민족 전체가 공유할 수 있는 통일 비전을 확립하는 핵심 과제다.

지금까지 한국의 통일정책은 철학 없는 정책이었다. 각 정권은 나름의 구호를 내세웠지만, 그것은 대부분 정치적 수사에 불과했다. '통일대박론'이 무엇을 의미하는지, '평화 경제'가 어떤 철학적 토대를 가지는지 명확히 설명할 수 있는 사람은 거의 없다.

이러한 철학 부재는 다음과 같은 문제를 낳았다.

첫째, 정책의 일관성이 없었다. 철학이 없으니, 정권이 바뀔 때마다 정책도 뒤바뀌었다.

둘째, 국민적 공감대를 형성하지 못했다. 추상적 구호만 있고 구체적 비전이 없으니, 국민이 공감할 수 없었다.

셋째, 북한과의 협상에서 주도권을 잡지 못했다. 확고한 철학 없이는 협상에서도 밀릴 수밖에 없다.

코리안드림이 국가 통일 철학이 되어야 하는 이유는 명확하다.

첫째, 역사적 정통성을 가진다. 코리안드림은 5천 년 한민족의 건국이념인 홍익인간에 뿌리를 두고 있다. 이는 시대를 초월한 민족의 정체성이며, 누구도 부정할 수 없는 역사적 정통성을 가진다.

둘째, 철학적 깊이를 가진다. 단순한 정치 구호가 아니라, 유교의 인(仁), 기독교의 아가페, 칸트의 도덕철학 등 동서양 사상의 정수를 통합한 철학적 체계를 갖추고 있다.

셋째, 보편적 호소력을 가진다. 좌우 이념을 초월하고, 세대와 계층을 아우르며, 나아가 인류 보편의 가치로 확장될 수 있는 포용성을 가진다.

넷째, 구체적 실천 방안을 제시한다. 도덕적 자유민주주의, 도덕적 자유시장경제, 심정문화공동체라는 명확한 실현 모델을 제시한다.

코리안드림을 국가 통일 철학으로 일원화하기 위해서는 다음과 같은 구체적 방안이 실행되어야 한다.

- 법제화 단계
  - 「통일기본법」 제정: 코리안드림을 통일의 기본 철학으로 명시
  - 헌법 전문 개정 검토: 홍익인간과 코리안드림 정신 명문화
  - 「통일교육지원법」 개정: 코리안드림 교육 의무화
- 제도화 단계
  - 정부 부처별 통일 준비 계획에 코리안드림 철학 반영
  - 남북 교류 사업 평가 기준에 코리안드림 부합성 포함
  - 통일 관련 연구기관의 연구 방향 재정립

- 사회화 단계
  - 시민사회단체와의 협력 체계 구축
  - 종교계, 학계, 언론계와의 공감대 형성
  - 기업의 통일 준비 참여 유도

코리안드림의 일원화를 위해서는 정치권의 초당적 합의가 필수적이다. 이를 위해 다음과 같은 접근이 필요하다.

첫째, 여야 정치 지도자들의 공개적 지지 선언을 끌어낸다. 2024년 여론조사에서 국민의 72%가 "통일정책은 초당적으로 추진되어야 한다"고 응답했다. 정치인들은 이러한 국민의 요구를 외면할 수 없다.

둘째, 국회 차원의 결의안을 채택한다. '코리안드림 통일 철학 채택에 관한 결의안'을 국회에서 통과시켜, 정치적 구속력을 확보한다.

셋째, 주요 정당의 강령에 반영한다. 각 정당이 당 강령에 코리안드림을 통일 철학으로 명시하도록 유도한다.

코리안드림이 진정한 국가 철학이 되려면, 교육을 통해 다음 세대에 전수되어야 한다.

- 초·중·고 교육과정
  - 도덕, 사회, 역사 과목에 코리안드림 내용 통합
  - 연령별 맞춤형 교육 콘텐츠 개발
  - 체험형 통일교육 프로그램 운영
- 대학 교육과정
  - 교양필수 과목으로 '코리안드림과 통일' 개설
  - 통일 관련 학과 커리큘럼 전면 개편
  - 통일 리더십 양성 특별 프로그램 운영
- 평생교육 체계
  - 시민 대상 코리안드림 아카데미 운영
  - 온라인 교육 플랫폼 구축 (MOOC)
  - 직장인 대상 통일 준비 교육 의무화

코리안드림은 단순히 국내용 철학이 아니라, 국제사회와 공유해야 할 비전이다.

첫째, 국제 학술대회를 통한 이론적 정립을 추진한다. 매년 '코리안드림 국제포럼'을 개최하여, 세계 석학들과 함께 철학적 깊이를 더한다.

둘째, 외교 채널을 통한 국제적 지지를 확보한다. UN,

EU, ASEAN 등 국제기구에 코리안드림을 소개하고, 공식 지지를 끌어낸다.

셋째, 해외 한민족 네트워크를 활용한다. 전 세계 750만 재외동포들이 코리안드림의 전도사가 되도록 교육과 홍보를 강화한다.

코리안드림을 국가 통일 철학으로 일원화하는 것은 단순한 정책 결정이 아니다. 그것은 민족의 정체성을 재확립하고, 통일의 방향을 명확히 하며, 국민적 에너지를 결집하는 역사적 과업이다.

철학 없는 정책은 표류하고, 비전 없는 민족은 미래를 잃는다. 코리안드림은 우리에게 철학과 비전을 동시에 제공한다. 이제 우리가 해야 할 일은 분명하다. 코리안드림을 중심으로 하나가 되어, 통일을 향해 나아가는 것이다.

21장

코리안드림의 공교육화

대한민국은 세계에서 가장 높은 교육열을 자랑하는 나라다. 그러나 정작 통일에 대한 교육은 극히 부족한 실정이다. 교과서 속 통일은 추상적 당위론에 머물고 있고, 청년 세대는 통일의 필요성에 대해 회의적이다. 코리안드림의 공교육화는 이러한 현실을 타개하고, 전 국민이 통일 철학을 공유하게 만드는 핵심 과제다.

현재 한국의 통일교육은 심각한 문제를 안고 있다. 통일교육원의 2024년 조사에 따르면, 초중고 학생의 68%가 "통일교육이 지루하다"고 응답했고, 대학생의 73%는 "통일 관련 수업을 들어본 적이 없다"고 답했다.

 교과서를 보면 문제는 더욱 명확해진다. 대부분의 교과서는 분단의 역사와 통일의 당위성을 기계적으로 나열할 뿐, 왜 통일이 필요한지, 통일이 우리 삶을 어떻게 바꿀지에 대한 구체적 비전을 제시하지 못한다. 통일은 시험에 나오는 암기 과목일 뿐, 가슴 뛰는 미래 비전이 되지 못하고 있다.

 통일교육은 단순히 지식 전달로는 부족하다. 철학과 비전, 그리고 감동을 함께 전해야 한다. 코리안드림 교육이 필요한 이유는 다음과 같다.

 첫째, 코리안드림은 홍익인간 정신에 뿌리를 둔 철학적 통일 비전이다. 이는 추상적 당위론이 아니라, 5천 년 민족사와 연결된 구체적 역사의식을 심어준다.
 둘째, 정치적 이념에 휘둘리지 않고, 모든 국민이 공감할 수 있다. 좌우 이념 대립에서 벗어난 보편적 가치이기에, 교육 현장의 이념 논란을 피할 수 있다.
 셋째, 통일을 민족적 과제에서 넘어, 인류 보편의 이상으로 확장한다. 청년들이 통일을 '부담'이 아닌 '기회'로 인식하게 만드는 긍정적 비전을 제시한다.

코리안드림의 공교육화는 체계적이고 단계적으로 추진되어야 한다.

☞ 제1단계 (2025-2026): 기반 조성기

- 초등학교
  - 홍익인간 동화책 시리즈 개발 및 보급
  - '나도 홍익인간' 체험 프로그램 운영(연 10시간)
  - 통일 꿈나무 캠프 실시(방학 중)
- 중학교
  - 역사 과목에 코리안드림 단원 신설
  - '통일 프로젝트' 수행평가 도입
  - 남북 청소년 온라인 교류 프로그램
- 고등학교
  - '통일과 미래사회' 선택과목 개설
  - 코리안드림 에세이 대회 개최
  - 대학 입시 논술에 통일 주제 반영

👉 제2단계 (2027-2028): 본격 시행기

교육과정 개정을 통해 정규 교과에 전면 반영한다.

- 초등학교: 도덕·사회 통합 모듈 운영(연 10시간)
  - 1~2학년: 홍익인간 이야기와 놀이 활동
  - 3~4학년: 우리 민족의 역사와 통일의 꿈
  - 5~6학년: 통일 한국의 미래 상상하기
- 중학교: 역사·도덕 연계 과정(연 20시간)
  - 1학년: 분단의 역사와 아픔
  - 2학년: 코리안드림의 철학적 이해
  - 3학년: 통일 준비와 청소년의 역할
- 고등학교: 통일·세계시민 융합과목 신설
  - 필수 이수 단위 지정(3단위)
  - 수능 한국사에 통일 관련 문항 확대
  - 대학 입학사정관제에 통일 활동 반영

👉 제3단계 (2029-2030): 확산·정착기

학교 교육을 넘어 전 사회적 확산을 추진한다.

- 대학교
  - 교양필수 '코리안드림과 통일' 3학점 지정
  - 통일 관련 융복합 전공 신설
  - 통일 리더십 인증제 도입
- 평생교육
  - 시민 대상 코리안드림 아카데미 전국 100개소 운영
  - 온라인 플랫폼 구축(K-MOOC 활용)
  - 직장인 통일교육 의무화(연 4시간)

효과적인 교육을 위해서는 연령별, 수준별 맞춤형 콘텐츠가 필요하다.

- 초등학생용
  - 홍익인간 애니메이션 시리즈(20부작)
  - 통일 보드게임 '하나 되는 우리'
  - AR/VR 활용 북한 체험 프로그램
- 중고등학생용
  - 웹툰 '코리안드림 스토리' 연재
  - 유튜브 채널 '통일 Z세대' 운영
  - 통일 해커톤 대회 개최

- 대학생·성인용
  - 다큐멘터리 '코리안드림, 미래를 말하다'
  - 팟캐스트 '통일 토크쇼'
  - 통일 정책 시뮬레이션 프로그램

교육의 질은 교사의 역량에 달려 있다. 교사들이 먼저 코리안드림을 이해하고 공감해야 한다.

- 교사 연수 프로그램
  - 신규 교사: 임용 전 40시간 필수 연수
  - 현직 교사: 매년 16시간 직무 연수
  - 통일교육 전문교사 양성과정 운영(6개월)
- 교사 지원 시스템
  - 통일교육 교수학습 자료 플랫폼 구축
  - 우수 수업 사례 공유 시스템
  - 교사 연구회 지원 확대

코리안드림 공교육화를 위한 안정적 재원 확보가 필수적이다.

- 예산 규모(연간)
  - 초중고 교육: 300억원
  - 대학 교육: 150억원
  - 평생교육: 100억원
  - 콘텐츠 개발: 200억원
  - 교사 연수: 50억원
  - 총 800억원(교육부 예산의 약 1%)
- 재원 조달
  - 정부 예산: 500억원(62.5%)
  - 남북협력기금: 200억원(25%)
  - 민간 기부: 100억원(12.5%)

교육의 효과를 지속적으로 평가하고 개선해야 한다.

- 평가 지표
  - 학생 통일의식 지 (연 2회 측정)
  - 통일 필요성 공감도(목표: 2030년까지 80% 달성)
  - 코리아드림 인지도(목표: 2030년까지 90% 달성)
- 평가 방법
  - 정량평가: 설문조사, 학업성취도 평가

- 정성평가: 포커스그룹 인터뷰, 수업 관찰
- 종단연구: 5년 단위 패널 조사

교육은 통일의 토양이다. 아무리 좋은 철학과 비전이 있어도, 교육으로 뿌리내리지 않으면 지속될 수 없다. 코리안드림의 공교육화는 단순한 지식 전달이 아니라, 통일 세대를 기르는 백년대계다.

특히 청년 세대에게 통일은 더 이상 '부담'이 아니라 '기회'가 되어야 한다. 통일 한국이 초인류 최정상 국가가 될 때, 그들이 그 주역이 될 것임을 깨닫게 해야 한다. 코리안드림 교육은 바로 그 깨달음의 시작이다.

22장

통일정책의 일관성과 국민적 합의

대한민국의 통일정책이 실패를 거듭한 근본 원인은 일관성의 부재와 국민적 합의의 결여였다. 정권이 바뀔 때마다 정책이 뒤바뀌었고, 국민은 혼란 속에서 통일에 대한 확신을 잃어갔다. 이제 우리는 정치적 이해관계를 초월한 일관된 정책과, 전 국민이 공감하는 합의를 만들어내야 한다.

지난 30년간 한국의 통일정책은 극단적인 변화를 반복했다. 김대중 정부의 '햇볕정책'은 대북 포용을 상소했고, 이명박 정부의 '비핵·개방·3000'은 압박과 제재를 우선했다. 문재인 정부는 다시 '한반도 평화 프로세스'로 대화를 추구했지만, 후속 정부는 또다시 강경 노선으로 전환했다.

통일연구원의 분석에 따르면, 1993년부터 2023년까지 30년 동안 통일정책의 기본 방향이 7차례 전면 수정되었다. 평균 4.3년마다 정책이 바뀐 셈이다. 이러한 극단적 변화는 북한에 전략적 기회를 제공했고, 국민에게는 정책 피로감을 안겨주었다.

더욱 심각한 문제는 통일정책에 대한 국민적 합의가 전혀 이루어지지 않았다는 점이다. 2024년 한국갤럽 조사에 따르면, 국민의 41%만이 "통일이 필요하다"고 답했고, 20대의 경우 28%에 불과했다.

이는 통일의 필요성 자체에 대한 사회적 합의가 무너지고 있음을 보여주고 있다. 국민이 통일에 무관심하거나 부정적인 이유는 명확하다.

첫째, 통일이 자신의 삶과 어떤 관계가 있는지 모른다.
둘째, 통일 비용에 대한 부담감이 크다.
셋째, 정치권이 통일을 정쟁의 도구로 이용하는 것에 염증을 느낀다.

넷째, 구체적이고 희망적인 통일 비전을 본 적이 없다.

통일정책의 일관성을 확보하기 위해서는 다음 같은 제도적 장치가 필요하다.

- 초당적 합의 체제 구축
  - 여야 정당 간 '통일정책 기본 협약' 체결
  - 주요 정당 대표가 참여하는 '통일정책협의회' 상설화
  - 정권 교체 시 통일정책 인수인계 의무화
- 장기 로드맵 수립
  - 10년 단위 '통일 기본계획' 법제화
  - 5년 단위 '실행 계획' 수립 및 국회 승인
  - 연간 이행 실적 평가 및 공개
- 독립적 추진 체계
  - 범국민 통일자문기구의 정책 일관성 감독
  - 정부 부처와 독립된 예산 편성 및 집행
  - 국회 직속 '통일정책평가단' 운영

통일에 대한 국민적 합의를 만들기 위해서는 다음과 같은

노력이 필요하다.

☞ 공론화 프로세스

- 첫 단계 – 인식 조사(2025년 상반기)
  - 전국 단위 통일의식 실태 조사
  - 세대별, 지역별, 계층별 심층 분석
  - 통일에 대한 우려와 기대 파악
- 두 번째 단계 – 숙의 과정(2025년 하반기)
  - 시민 1만명 참여 '통일 공론화 위원회' 구성
  - 권역별 타운홀 미팅 100회 개최
  - 온라인 플랫폼을 통한 상시 의견 수렴
- 세 번째 단계 – 합의 도출(2026년 상반기)
  - '국민 통일헌장' 제정
  - 통일 비전에 대한 국민투표 실시
  - 결과를 헌법 전문에 반영 검토

많은 국민이 통일을 부담으로 인식하는 가장 큰 이유는 통일 비용에 대한 우려다. 그러나 이는 편향된 인식이다.

- 통일 비용의 현실
  - 한국개발연구원(KDI) 추정: 30년간 약 3,000조원
  - 연간 GDP의 7% 수준(현재 국방비 2.5%의 3배)
  - 그러나 분단 유지 비용도 연간 250조원 이상
- 통일 편익의 구체화
  - 인구 8천만 내수시장 창출(세계 15위 규모)
  - 북한 지하자원 가치 7,000조원 활용
  - 대륙 진출 물류비용 연간 50조원 절감
  - 국방비 절감으로 복지 예산 연간 30조원 증액 가능

골드만삭스는 2050년 통일한국의 GDP가 일본을 추월할 것으로 전망했다. 통일은 비용이 아니라 투자이며, 부담이 아니라 기회다. 각 세대가 통일에 대해 갖는 관심사와 우려가 다르므로, 맞춤형 접근이 필요하다.

- 청년 세대(20~30대)
  - 통일이 가져올 취업 기회 확대 강조
  - 북한 개발 프로젝트 참여 비전 제시
  - 글로벌 강국으로서의 자부심 고취
- 중장년 세대 (40-50대)

- 자녀 세대의 미래 기회 확대
  - 통일 후 부동산 및 투자 기회
  - 안보 불안 해소와 평화 배당금
- 노년 세대(60대 이상)
  - 이산가족 상봉과 고향 방문
  - 민족적 숙원 달성의 역사적 의미
  - 후손에게 통일된 나라 물려주기

국민과의 소통을 강화하기 위해 다양한 채널을 활용해야 한다.

- 전통 미디어
  - 공영방송 통일 특집 프로그램 정례화
  - 주요 일간지 통일 세션 신설
  - 라디오 '통일 토크' 프로그램 운영
- 뉴미디어
  - 유튜브 '코리안드림 TV' 채널 운영
  - 인스타그램, 틱톡 통일 콘텐츠 제작
  - 메타버스 '통일한국 체험관' 구축
- 오프라인

- 전국 순회 '통일 콘서트' 개최
- 대학 캠퍼스 '통일 토크 콘서트'
- 지역별 '통일 축제' 정례화

정치 지도자들은 통일을 정쟁의 도구로 삼는 것을 중단하고, 초당적 협력을 실천해야 한다.

- 정치권이 지켜야 할 원칙
  - 통일정책을 정치적 공격 대상에서 제외
  - 여야 합의 없는 일방적 정책 변경 금지
  - 북한 관련 이슈의 정치적 이용 자제
  - 통일 관련 가짜뉴스 생산 및 유포 금지

독일 통일의 교훈은 명확하다. 서독은 보수·진보 정권이 바뀌어도 '동방정책'의 큰 틀을 20년 이상 유지했다. 이러한 일관성이 결국 통일을 가능하게 했다.

통일정책의 일관성과 국민적 합의는 통일을 향한 여정의 필수적 요소다. 둘 중 하나라도 없으면 앞으로 나아갈 수 없다. 일관성을 위해서는 정치권의 초당적 협력과 제도적 장치가 필요하다.

 국민적 합의를 위해서는 진정성 있는 소통과 구체적 비전 제시가 필수적이다. 그리고 이 모든 것의 중심에는 코리안드림이라는 철학적 토대가 있어야 한다.

 통일은 정치인들의 과제가 아니라 국민 모두의 과제다. 국민이 하나 될 때, 남과 북도 하나 될 수 있다. 이것이 바로 우리가 지금 시작해야 할 위대한 여정이다.

PART

5

국민에게 드리는 호소

23장

두 국가론 반대! 통일은 민족의 생명이다

2025년, 우리는 역사의 갈림길에 서 있다. 한쪽에는 분단을 영구화하는 두 국가론의 길이 있고, 다른 한쪽에는 통일을 향한 코리안드림의 길이 있다. 이 선택은 단순한 정책의 문제가 아니다. 그것은 민족의 생사를 결정하는 운명적 선택이다.

두 국가론을 받아들이는 순간, 우리는 5천 년 역사를 스스로 부정하는 것이다. 단군 이래 하나의 민족으로 살아온 우리가, 불과 80년의 분단을 영원한 것으로 받아들인다는 것은 역사에 대한 배신이다.

두 국가론은 단순히 정치적 타협이 아니다. 그것은 민족의 정체성을 해체하고, 우리의 미래를 스스로 포기하는 것이다. 북한 주민들은 더 이상 우리의 동포가 아니라 외국인이 되고, 통일은 더 이상 민족의 숙원이 아니라 불가능한 환상이 된다. 이것이 우리가 원하는 미래인가?

한반도를 둘러싼 국제정세는 날로 엄혹해지고 있다. 미·중 패권 경쟁이 격화되고, 동북아는 신냉전의 최전선이 되고 있다. 이런 상황에서 분단된 한반도는 강대국의 대리전장이 될 위험이 크다.

통일은 선택이 아니라 생존의 필수 조건이다. 인구 5천만의 분단국가로는 강대국의 틈바구니에서 살아남기 어렵다. 그러나 8천만의 통일 한국은 누구도 무시할 수 없는 강국이 된다. 통일은 우리의 생존 공간을 확보하고, 민족의 운명을 우리 손으로 결정할 수 있게 만드는 유일한 길이다.

많은 이들이 통일 비용을 걱정한다. 그러나 분단 유지 비용이 통일 비용보다 크다는 사실을 아는가? 현재 우리는 국방비로만 연간 57조원을 쓰고 있다. 여기에 분단으로 인한 기회비용을 합치면 연간 250조원이 넘는다.

 반면 통일이 가져올 경제적 이익은 무궁무진하다. 북한의 풍부한 지하자원(7,000조원 가치), 젊은 노동력 2,500만명, 유라시아 대륙으로의 직접 진출, 8천만 내수시장 창출 등은 대한민국을 세계 5대 경제 강국으로 도약시킬 것이다. 통일은 비용이 아니라 최고의 투자다.

 청년들이여, 통일을 남의 일로 생각하지 말라. 지금 여러분이 겪는 취업난, 주거 문제, 미래 불안은 모두 분단과 연결되어 있다. 분단 때문에 우리는 섬나라가 되었고, 성장의 한계에 부딪혔다.

 통일은 여러분에게 무한한 기회의 땅을 열어줄 것이다. 북한 재건 사업에만 수백만 개의 일자리가 창출될 것이며, 대륙으로 뻗어나가는 새로운 실크로드가 열릴 것이다. 통일 한국에서 여러분은 더 이상 '헬조선'을 탈출하려는 'N포 세대'가 아니라, 세계를 무대로 꿈을 펼치는 '글로벌 리더'가 될 것이다.

분단의 아픔을 몸소 겪으신 어르신들이여, 이제 그 한을 풀 때가 왔다. 이산가족의 눈물, 고향을 잃은 실향민의 한숨, 전쟁의 상처는 오직 통일로만 치유될 수 있다.

여러분이 살아계실 때 통일을 이루지 못한다면, 후손들에게 무엇을 물려줄 것인가? 분단의 굴레를 대물림할 것인가, 아니면 통일된 강대국을 물려줄 것인가? 지금이 마지막 기회다. 여러분의 경험과 지혜로 통일의 길을 열어달라.

통일은 정치인들만의 일이 아니다. 그것은 국민 한 사람 한 사람이 함께 만들어가는 것이다. 기업인들은 통일 경제를 준비하라. 북한 진출 전략을 수립하고, 통일 후 시장을 선점할 준비를 해라.

교육자들은 통일 세대를 길러내라. 코리안드림을 가르치고, 통일의 꿈을 심어주라. 종교인들은 화해와 용서의 정신을 전파하라. 남북의 마음을 하나로 묶는 영적 다리가 되어달라.

역사는 기회를 주지만, 그 기회는 영원하지 않다. 독일은 기회가 왔을 때 과감히 잡아 통일을 이루었다. 예멘과 베트남도 각자의 방식으로 통일을 달성했다. 그러나 우리는 80년째 망설이고 있다.

더 이상 미룰 수 없다. 북한이 핵무장을 완성하고, 남북의 이질화가 더 심화하면, 통일은 정말 불가능해질 수 있다. 국제정세가 바뀌어 강대국들이 분단 고착화를 원한다면, 우리의 의지와 상관없이 영구 분단이 될 수 있다.

따라서 우리는 분명히 선언한다. 두 국가론을 단호히 거부한다! 그것이 북한의 적대적 두 국가론이든, 일부 정치인들의 평화적 두 국가론이든 마찬가지다.

두 국가론은 헌법 위반이다. 두 국가론은 민족 배신이다. 두 국가론은 역사 퇴행이다. 우리는 이 모든 형태의 두 국가론을 거부하고, 오직 통일의 길로 나아갈 것이다.

우리에게는 분명한 대안이 있다. 그것은 바로 코리안드림이다. 홍익인간의 정신으로 세상을 이롭게 하고, One Family under God의 비전으로 인류에 이바지하는 통일 한국을 만드는 것이다.

코리안드림은 공허한 구호가 아니다. 그것은 구체적인 철학이며, 실현할 수 있는 비전이며, 우리가 모두 공유할 수 있는 꿈이다. 이념을 초월하고, 세대를 아우르며, 계층을 통합하는 유일한 길이 바로 코리안드림이다.

다시 한번 강조한다. 통일은 선택이 아니라 생명이다. 통일 없이는 민족의 미래도 없다. 두 국가론은 민족을 죽이는 독약이지만, 코리안드림은 민족을 살리는 생명수다.

국민 여러분! 이제 선택의 시간이다. 분단의 노예로 살 것인가, 통일의 주인이 될 것인가? 역사의 죄인이 될 것인가, 역사의 영웅이 될 것인가? 우리는 할 수 있다. 우리는 해야 한다. 우리는 반드시 해낼 것이다. 두 국가론을 거부하고, 코리안드림으로 하나 되어, 통일 대한민국을 향해 전진하자! 통일은 민족의 생명이다!

24장

국민께 드리는 메시지

친애하는 대한민국 국민 여러분, 그리고 북녘의 동포 여러분, 우리는 지금 민족사의 결정적 순간을 맞이하고 있습니다. 2025년 광복 80주년을 맞아, 우리 앞에는 두 갈래 길이 놓여 있습니다.

하나는 분단을 영구화하는 두 국가론의 길이고, 다른 하나는 통일을 향한 코리안드림의 길입니다. 이 선택이 우리 민족의 앞으로 천 년을 결정할 것입니다.

존경하는 국민 여러분,

우리는 5천 년 동안 한반도에서 하나의 민족으로 살아왔습니다. 고조선의 건국 이래, 고구려의 기상, 신라의 통일, 고려의 문화, 조선의 찬란한 문명을 일구며 하나의 역사를 써왔습니다. 그런데 불과 80년의 분단이 이 모든 역사를 부정할 수 있겠습니까?

일부에서는 "현실적으로 남북은 이미 다른 나라"라고 말합니다. 그들은 "평화적으로 두 국가로 공존하자"고 제안합니다. 그러나 이것은 현실을 인정하는 것이 아니라, 비정상을 정상으로 만드는 것입니다. 이것은 평화가 아니라, 영구 분단이라는 또 다른 전쟁입니다.

우리의 헌법은 분명히 말합니다. "대한민국의 영토는 한반도와 그 부속 도서로 한다." "대한민국은 통일을 지향한다." 이는 단순한 법조문이 아니라, 우리 민족의 의지이자 약속입니다. 두 국가론은 이 헌법 정신을 정면으로 부정하는 것입니다.

젊은이들에게 고합니다.
여러분은 통일이 부담스럽다고 생각할지 모릅니다. 통일

비용을 걱정하고, 북한 주민과의 차이를 우려할 것입니다. 그러나 잠시만 생각해 보십시오. 지금 여러분이 겪는 취업난, 높은 집값, 좁아진 기회는 모두 분단과 연결되어 있습니다.

분단 때문에 우리는 사실상 섬나라가 되었습니다. 대륙으로 가는 길이 막혔고, 성장의 한계에 부딪혔습니다. 통일이 되면 어떻게 될까요? 북한 재건에만 수백만 개의 일자리가 생깁니다. 시베리아횡단철도를 타고 유럽까지 갈 수 있습니다. 8천만 인구의 강대국에서 여러분의 꿈은 한없이 커질 것입니다.

골드만삭스는 통일 한국이 2050년 일본을 추월할 것으로 전망했습니다. 이것이 바로 여러분의 미래입니다. 통일은 부담이 아니라, 여러분 세대에게 주어진 최대의 기회입니다.

어머님, 아버님께 말씀드립니다.
전쟁을 겪으시고, 폐허에서 오늘의 대한민국을 일구신 부모님 세대 여러분, 여러분의 땀과 눈물로 우리는 여기까지 왔습니다. 그러나 아직 끝나지 않았습니다. 민족의 숙원인 통일이 남아있습니다.

이산가족의 아픔을 아십니다. 고향을 잃은 실향민의 한을 아십니다. 그 모든 아픔은 오직 통일로만 치유될 수 있습니다. 여러분이 살아계실 때 통일을 이루지 못한다면, 우리는 영원히 그 한을 풀 수 없을 것입니다.

여러분의 자녀와 손주들에게 무엇을 물려주시겠습니까? 분단된 반쪽 나라입니까, 아니면 통일된 강대국입니까? 지금이 결정의 순간입니다. 여러분의 지혜와 결단이 필요합니다.

기업인 여러분.

한국 경제는 이미 성장의 한계에 도달했습니다. 내수시장은 포화 상태이고, 수출 경쟁은 날로 치열해지고 있습니다. 그러나 통일은 새로운 성장 동력을 제공할 것입니다.

북한의 지하자원은 7,000조원의 가치를 지니고 있습니다. 2,500만의 젊고 우수한 노동력이 있습니다. 대륙으로 직접 연결되는 물류 루트는 연간 수십조의 비용을 절감시킬 것입니다. 8천만 내수시장은 규모의 경제를 실현할 것입니다.

삼성, LG, 현대가 세계를 제패했듯이, 통일 한국의 기업들은 더 큰 세계 무대에서 승리할 것입니다. 지금 통일을 준비하는 기업이 미래의 승자가 될 것입니다.

종교 지도자 여러분.

모든 종교는 사랑과 화합을 가르칩니다. 기독교는 "원수를 사랑하라" 했고, 불교는 "자비를 베풀라" 했으며, 유교는 "인(仁)을 실천하라" 했습니다. 그런데 우리는 같은 민족끼리 80년째 갈라져 있습니다.

종교계가 앞장서 주십시오. 남북의 마음을 잇는 영적 다리가 되어 주십시오. 용서와 화해의 정신으로 분단의 상처를 치유해 주십시오. 종교의 진정한 사명은 바로 여기에 있습니다.

교육자 여러분.

우리 아이들에게 무엇을 가르치고 계십니까? 분단을 당연한 것으로 받아들이도록 가르치십니까, 아니면 통일의 꿈을 심어주고 계십니까? 아이들은 우리의 미래입니다.

그들이 통일을 꿈꾸지 않으면, 통일은 영원히 오지 않습니다. 코리안드림을 가르쳐 주십시오. 홍익인간의 정신을 심어 주십시오. 그들이 통일 한국의 주역이 되도록 준비시켜 주십시오.

언론인 여러분.

펜은 칼보다 강하다고 했습니다. 여러분의 펜이 통일의 길을 열 수도, 막을 수도 있습니다. 분단을 고착하는 두 국가론을 비판적으로 보도해 주십시오. 통일의 비전과 희망을 국민에게 전해 주십시오.

진실을 보도하는 것이 언론의 사명입니다. 두 국가론의 위험성을 알리고, 코리안드림의 가능성을 전파하는 것이 이 시대 언론인의 역사적 책무입니다.

북녘의 동포 여러분께.

비록 지금은 갈라져 있지만, 우리는 한 핏줄, 한 민족입니다. 여러분의 고통을 우리도 함께 느낍니다. 여러분의 꿈을 우리도 함께 꿉니다. 언젠가 우리는 다시 만날 것입니다.

휴전선이 사라지고, 자유롭게 오가며, 함께 번영을 누릴 그날이 올 것입니다. 그날을 위해 우리는 포기하지 않을 것입니다. 여러분도 희망을 잃지 마십시오.

국민 여러분, 이제 결단의 시간입니다.

역사는 우리에게 묻고 있습니다. 분단의 굴레를 후손에게 물려줄 것인가, 통일된 강대국을 물려줄 것인가? 민족의 꿈을 포기할 것인가, 새로운 역사를 창조할 것인가?

코리안드림은 단순한 구호가 아닙니다. 그것은 홍익인간의 정신으로 세계를 이롭게 하겠다는 우리 민족의 약속입니다. 그것은 One Family under God의 이상으로 인류에 이바지한다는 우리의 사명입니다.

두 국가론을 거부합시다! 그것은 민족의 미래를 포기하는 것입니다. 코리안드림을 선택합시다! 그것은 민족의 생명을 살리는 길입니다. 우리는 할 수 있습니다.

한강의 기적을 이룬 민족이 못 할 것이 무엇입니까? 민주화를 이룬 시민이 못 할 것이 무엇입니까? K-팝으로 세계를 정복한 우리가 못 할 것이 무엇입니까?

이제 일어서십시오. 함께 외치십시오. "통일! 통일! 우리의 소원은 통일!" 2025년을 통일 원년으로 만듭시다. 광복 80년을 완전한 광복의 원년으로 만듭시다. 우리가 모두 통일의 주역입니다. 우리가 모두 역사의 창조자입니다.

에필로그

광복 80주년, 하늘이 준 마지막 기회

2025년 8월 15일, 광복 80주년의 아침이 밝았다. 80년 전 이날, 우리 민족은 35년간의 일제 압제에서 벗어나 해방의 기쁨을 맞았다. 그러나 그 기쁨은 완전하지 않았다. 해방은 곧 분단으로 이어졌고, 우리는 80년째 갈라진 채 살고 있다. 그런데 왜 이 80주년이 특별한가? 왜 이것이 하늘이 준 마지막 기회인가?

성경에서 80년은 한 세대가 완전히 바뀌는 시간이다. 모세가 80세에 이스라엘 백성을 이집트에서 끌어냈듯이, 광복 80

년은 우리 민족에게 진정한 해방, 곧 통일을 이룰 때임을 알려준다.

80년은 인간의 평균 수명이기도 하다. 분단을 직접 경험한 세대가 거의 사라지고 있다. 이산가족의 90%가 이미 세상을 떠났고, 남은 이들도 대부분 80세를 넘겼다. 그들이 모두 떠나면, 통일의 당위성을 가슴으로 느끼는 사람이 사라진다.

80년은 역사의 주기이기도 하다. 로마 제국도, 대영제국도, 소비에트 연방도 대략 70-80년의 주기로 흥망을 겪었다. 분단 체제도 80년이 한계다. 이제 변화가 일어날 수밖에 없는 시점이다.

동양철학에서는 천시(天時), 지리(地利), 인화(人和)를 말한다. 하늘의 때, 땅의 이로움, 사람의 화합이 모두 맞아떨어질 때 큰일을 이룰 수 있다는 뜻이다. 2025년은 바로 그 삼박자가 맞는 해다.

천시가 왔다. 국제질서가 재편되고 있고, 기술혁명이 새로운 가능성을 열고 있으며, 세계가 한국의 리더십을 기대하고 있다. 대한민국은 경제 강국이 되었고, 민주주의를 완성했으며, 문화 강국으로 도약했다.

통일을 주도할 모든 조건을 갖추었다. 이제 우리의 결심과 실천만이 남아있다. 국민이 하나 되어 통일을 향해 나아가기만 하면 된다. 그 구심점이 바로 코리안드림이다.

코리안드림은 단순한 정치 구호가 아니다. 그것은 5천 년 민족사의 정수이며, 인류 문명의 새로운 패러다임이다. 통일 대한민국은 어떤 나라가 될 것인가? 인구 8천만의 강대국, GDP 세계 5위의 경제 대국, 유라시아와 태평양을 잇는 지정학적 중심, 첨단기술과 전통문화가 조화된 문명국, 도덕적 리더십으로 세계를 이끄는 초일류 국가.

그러나 더 중요한 것은 정신적 가치다. 통일 한국은 홍익인간의 정신으로 인류를 이롭게 하고, One Family under God의 이상으로 세계 평화에 이바지하며, 도덕적 자유민주주의와 도덕적 자유시장경제로 새로운 문명 모델을 제시할 것이다.

우리는 특별한 세대다. 분단을 끝낼 수 있는 마지막 세대이면서, 통일을 시작할 수 있는 첫 세대다. 이 역사적 책임을 회피할 수 없다. 우리가 통일을 이루면, 후손들은 우리를 독립운동가만큼 존경할 것이다. 우리가 실패하면, 후손들은 우리를 역사의 죄인으로 기억할 것이다. 선택은 우리의 몫이다.

그러나 이는 단지 민족에 대한 책임만이 아니다. 세계가 우리를 주목하고 있다. 한국이 평화통일을 이루면, 그것은 인류에게 희망의 메시지가 될 것이다. 분단과 대립을 극복하는 모델, 평화를 만드는 방법, 다름을 인정하면서도 하나 되는 길을 제시할 것이다.

2025년 광복 80주년, 우리는 다시 시작한다. 1945년의 해방이 불완전했다면, 2025년의 해방은 완전할 것이다. 정치적 독립을 넘어 민족적 통일로, 형식적 광복을 넘어 실질적 광복으로.

두 국가론이라는 유혹을 단호히 거부한다. 그것이 북한의 적대적 두 국가론이든, 일부 정치인의 평화적 두 국가론이든 마찬가지다. 우리의 길은 오직 하나, 통일이다.

코리안드림을 우리의 깃발로 삼는다. 홍익인간의 정신으로, 세상을 이롭게 하는 통일을 이룰 것이다. 도덕적 자유민주주의, 도덕적 자유시장경제, 심정문화공동체 실현으로 초인류 최정상의 세계평화 모델 국가를 건설하고 말 것이다.

역사의 부름에 응답하며 태극기가 펄럭이는 광화문 광장에서, DMZ 철조망 너머를 바라보며, 백두산과 한라산을 가슴에 품으며, 우리는 선언한다.

"우리는 통일 세대다!"
"우리는 코리안드림으로 하나 된다!"
"우리는 반드시 통일을 이룬다!"

80년의 분단을 끝내고, 새로운 천년을 시작하자. 반쪽의 나라에서 온전한 나라로, 섬나라에서 대륙 국가로, 변방의 나라에서 중심 국가로. 이것이 우리의 사명이다. 이것이 우리의 꿈이다. 이것이 우리의 약속이며 하늘의 명령이다.

광복 80년, 하늘이 준 마지막 기회를 놓치지 말자. 코리안드림으로 통일대한민국을 이루자. 우리가 모두 역사의 주인공이 되자. 대한민국 만세! 통일 대한민국 만세! 코리안드림 만세!